圖書與資訊集成

王錫璋著

知識的門徑

——圖書館・讀書與出版

文史哲出版社印行

國立中央圖書館出版品預行編目資料

知識的門徑 ： 圖書館・讀書與出版 / 王錫璋著.
-- 初版. -- 臺北市 ： 文史哲, 民85
面； 公分. -- (圖書與資訊集成 ； 21)
ISBN 957-547-986-6(平裝)

1. 圖書館學 - 論文,講詞等

020.7 84013755

㉑ 圖書與資訊集成

知識的門徑——圖書館・讀書與出版

著者：王錫璋
出版者：文史哲出版社
登記證字號：行政院新聞局局版臺業字五三三七號
發行人：彭正雄
發行所：文史哲出版社
印刷者：文史哲出版社
台北市羅斯福路一段七十二巷四號
郵撥〇五一二八八一二彭正雄帳戶
電話：三五一一〇二八

實價新台幣三五〇元

中華民國八十五年一月初版

ISBN 957-547-986-6

王序

王錫璋先生筆名王岫，是一位善於運用圖書資訊的圖書館學家和作家，近年來他先後出版了多種著作，有的是介紹圖書館的功能與服務，有的是描述他的美滿家庭生活及周遭的人物。無論是敘事、談理或抒情，他的筆下都時時顯露出一種對於社會、家庭、友人的關愛。由於他所寫的都是個人熟悉的事物，所以在文章的字裡行間往往流露出眞摯的感情，使人讀後自然產生出一些共鳴，可以體會到在文字背後所蘊含的心意。

這本新著包含了幾個不同的主題：圖書館、讀書與出版。著者以一個綜合的篇名「知識的門徑」點出這三個主題的關連性，也揭示出這本書的主旨所在。這本書雖然不是一本抒發情感的小品散文，但是處處顯示作者以其關心社會發展的心意，對知識社會所做的一些報導和介紹。由於求知的門徑在閱讀，閱讀的資源在出版品，而出版品之蒐集與利用的場所爲圖書館，三者關係密切，作爲現代資訊社會之一成員，是應該特別注意的；這也是著者撰述此書的本意。

本著內容分爲四輯，第一輯「圖書館乃眞正之大學」，包括了十四篇文章，重點在敍述圖書館的功能、服務及其發展。其中有幾篇文章談到旅行的圖書館、美國的國家檔案館、總統圖書館及大英圖書館等等，更有助於一般人士對於國外圖書館的瞭解。第二輯「未來在書架上」，介紹國際社會如何提升其讀書風氣，包括了十篇文章，如青少年讀者年、國際掃盲年、終生讀者年、圖書週、兒童圖書週、法蘭克福書展等等，在其活動介紹之外，使人省思到我國文化界及出版事業應有的作爲。第三輯「圖書出版乃思想之巨砲」，包括了十一篇文章，主要介紹國際出版事業現況及其動態。其中如美國鮑克公司的書目服務、日本講談社的國際化，以及幾種有名的圖書出版業雜誌的變動，使人讀後增進了對出版事業的認識。第四輯「知書者有四眼」，包括了十七篇文章。著者主要對求知的工具，如各項參考書、百科全書與資料庫的發展新貌及其變革，作重點介紹。其中尤其對衆所關切的大英百科全書更多敍述。以上納入在這四輯中的五十二篇文章，曾在各大報章和雜誌中發表，並引起各界讀者的興趣，因此著者特結集成書，作爲對社會大衆的一份獻禮。

在此謹祝本書順利出版，並能獲得社會大衆的積極回應。更盼望著者在圖書、讀書和圖書館方面提供更多的資訊，一方面使社會大衆和文化界人士確實瞭解圖書館事業與圖書出版的重要性，另一方面也有益於出版界得以掌握國際出版的脈動，出版更多更好的書籍，使知識的廩倉益加充實，使人類的精神食糧永無匱乏。

王振鵠

84.10.14

曾序

我國圖書館事業在近十年來有極爲顯著的進步，諸如各級圖書館普遍設立或擴增新館、圖書館自動化的推行、圖書館技術服務標準的研擬和開發、讀者服務的開展以及圖書館教育層級的提升……等等，皆可看出此階段圖書館事業之欣欣向榮。此固然是政府大力推展文化建設之成果，全體圖書館從業人員之努力開墾亦爲主因。

然而，無論是圖書館從業人員水準之提升，或是他們辛勤且默默耕耘而導致的圖書館事業之進展，若與一般民衆的認知度和關切心比較起來，似乎並沒有得到成正比的收穫。我們圖書館員的社會地位還不高，民衆對圖書館的認識也不夠普及和正確，這都有待我們再賡續努力，去塑造我們圖書館員的形象，並增進民衆對圖書館功能的認知。這其中，開展圖書館的公衆關係和宣傳，應是最有效的方法之一——所謂公衆關係，就是要「瞭解公衆，並使公衆瞭解」——圖書館除辦好讀者服務外，圖書館員最好亦能多提筆宣導圖書館的功能或提倡閱讀風氣，以普及民衆有關圖書館和圖書出版的知識。這樣，讓民衆瞭解現代的圖書館是什麼、現代的圖書館員又在做什麼，圖書館的功能自然能逐漸發揮，圖書館員的形象、地位，相信也能日益提高。

本館參考室同人王錫璋君，於師大社教系圖書館組就學中即已考取圖書館人員高考，畢業後先後服務於省立臺中圖書館、師大圖書館，進入中央圖書館亦十有七載，曾在採訪組工作八年，再調到圖書館之第一線——參考室擔任諮詢服務工作亦已九年；不僅工作經驗豐富，亦嫻熟國內外圖書出版概況，而其對讀者服務之熱忱，亦頗得讀者及同人們之稱譽。王君平日沈靜好學，並雅好執筆爲文，除散文、小品外，對身肩社會教育責任之圖書館員，亦深覺應積極促進民衆對圖書館的認識，並提倡社會之閱讀風氣；乃經常在工作之餘，執筆寫了不少有關圖書館、閱讀及圖書出版方面之論述文章，並儘量以大衆化的內容和筆調，投稿於國內各知名報刊，如聯合報、中國時報、中央日報等之讀書專版以及中國論壇、自由青年……等之刊物。這些文章已先後在民國六十九年、七十四年彙集出版成「圖書與圖書館論述集」及「圖書與圖書館論述集續集」等兩本書。本年歲杪，王君又將近十年所寫之相關文章五十餘篇，彙集爲「知識的門徑」一書，依各篇主題，又分爲「圖書館乃眞正之大學」、「未來在書架上」、「圖書出版乃思想之巨砲」、「知書者有四眼」四輯。其目的亦在期望透過這些民衆比較能普遍閱讀的媒體來讓他們瞭解圖書館的功能和圖書館員的工作，並促進大家對閱讀的重視及對圖書、資訊的認識。

本書之風格若與王君前兩書相比，當可看出作者之目的和主旨依舊；而在內容方面，王君經十年之治學和工作體驗，則較前兩書更具涵養和廣度矣！是故，本書不僅可供社會一般關心圖書館及圖書、出版業務之人士閱讀，亦足供圖書館從業人員參考借鑑。

茲值本書付梓，本人樂爲之序，並期盼我們的圖書館事業更爲普及，社會更充滿書香。

曾濟群識於國立中央圖書館

民國八十四年十月

自序

從師大社教系圖書館學組畢業至今，倏忽已二十二年，若去掉服預官役的兩年，在圖書館工作恰好屆滿廿年。

這二十年，應該是人生的精華歲月，我都奉獻於圖書館工作。這其中，又有十七年是在中央圖書館服務——前八年在採訪組擔任西文圖書的選擇、訂購——這幾年的工作，讓我對國外出版界狀況大致有個粗淺的了解。央館遷入新館後，我調到參考室擔任參考諮詢工作，至今也有九年了。參考諮詢是圖書館的前線，若以軍隊術語來說，它是「戰鬥兵科」（其他採訪、編目、交換等則是後勤兵科）；就如同從事戰鬥兵科的軍人最能了解戰爭的意義和殘酷一樣，參考諮詢館員因最能實際與讀者接觸，也就最能得知圖書館的服務是否理想以及民衆是否了解圖書館的功能及妥善利用圖書館。

從事讀者服務的經驗，我也體會到兩點。第一，我們民衆對圖書館的功能與利用，還不是很了解；這可從各級圖書館裡普通閱覽室總是比其他參考室和專科閱覽室人潮來得多就可知道。第二，我們圖書館員的角色地位，在社會民衆眼中，還是處於偏低的位置；這在本書「話說圖書館員」這篇文章中已有詳細的敍述。我再舉一例說明，我唸小學的小女兒告訴同學說：「我爸爸媽媽都在圖書館工作。」一位同學就以同情的口吻說：「哦！那你們家一定很窮哦！」另一同學則說：「你爸媽一定蓋章蓋得很過癮了！」——小朋友童言無忌，但他們眼中的圖書館員印象，可能是他們所常見的在櫃臺蓋蓋章、看看報的管理員、工讀生的；大人們從小至今的印象，恐怕也是如此，以致於我們圖書館員的職業聲望排名，老是落在很後面，即使是我們的圖書館已全面邁向自動化，而圖書館學博士班已開設多年，圖書館員的素質已大幅提升，具有碩士學位以上的館員比比皆是，不像二十年前我們初入圖書館時，連個大學圖書館本科系的館員都難能覓得的。

這或許是我們大部份的圖書館還只是重視所謂的技術服務，置「專業人員」之重兵於技術服務部門，相對的，在讀者服務部門的專業兵力較弱，以致於在讀者服務上，顯不出火力；——讀者常見許多櫃臺都是流動性很高的工讀生或是臨時人員，對圖書館的印象自然打折。其次，我們圖書館員也大都是默默耕耘，不知宣傳、報導自己的行業或相關事業，讓大家多知道一點圖書館的功能以及圖書館和圖書出版等相關行業中的一些資訊、新知。作家王鼎鈞在中央副刊寫了一篇名爲「圖書館」的小短文；其中一段是：「每一本書是一閃微光，每一個書架是一個燦爛的燭光，一座圖書館是一片星海，智慧凝成珊瑚，熱情動成波浪……」——很生動的描述，令人對圖書館產生浪漫的敬重；圖書館員未必要有如作家之文思和才器，但如何將圖書館和圖書的知識，以無形的力量，潛移默化地讓讀者了解，久而久之，他們應該對圖書館有所認識，對圖書館員產生尊敬之心，就像對老師——不管是小學、中學老師或大學教授——一樣的。而其實，我們圖書館員不也應該是教育人員嗎？只是老師是在學校裏桃李春風，而我們則是在社會教育的行列而已罷！

這是我多年來所思索的問題。因此，從事圖書館工作以來，雖然對職位名銜少有升遷並無怨言，但希望我們圖書館員在社會的地位能稍有提升，倒是有所期盼。另外，身爲圖書館員，也應負有提倡閱讀風氣、增進民衆對圖書館的認識和利用之社會責任；因此，二十年來，喜愛寫作的我，在工作之餘，除了寫一些散文、小品外，對本行的圖書館及圖書出版方面的所見所得，也常寫成論述性或報導性的文章。而與圖書館同道比較不同的是，我這些論述文章或報導，大多刊於比較大衆性的報紙或雜誌，這是期望有更多的民衆可以了解圖書館和圖書出版有關的知識和新知。民國六十九年、七十四年，我分別出版「圖書與圖書館論述集」、「圖書與圖書館論述集續集」，其旨趣如此；而現在，我又將近十年所登載文章選集成這本「知識的門徑」一書，亦是賡續提倡圖書館、圖書出版知識大衆化的目的；想想，有關介紹、報導圖書館或圖書、出版的資訊，如果能在讀者有一百萬或數十萬的報紙，及銷售量有數千份的雜誌登出，其能發揮讓民衆認識我們這一行業的功能，當比刊登在只有圖書館員比較會閱讀的圖書館界刊物裡來得大一些罷！而當然，登在大衆化刊物的文章，其篇幅及寫法，都要與純學術文章有所差異，這是讀者宜有所了解的。

本書共分四輯，收錄五十二篇有關圖書館及閱讀、圖書、出版方面的論述文章，其中五十篇分別原載於聯合報「讀書人版」、中國時報「開卷版」、中央日報「讀書出版」、中央日報副刊、民生報「

讀書周刊」、中國論壇、文訊、書評雜誌等刊物，（部分篇章並經北美世界日報、中央日報海外版、僑委會「宏觀」雜誌轉載）只有兩篇登在比較學術性的國立中央圖書館館刊和中國圖書館學會會報。本書雖然大致依主題分爲四輯，但誠如王師振鵠在本書序言所說的：「求知的門徑在閱讀，閱讀的資源在圖書、出版品，而出版品的蒐集、利用則主要在圖書館」，三者可謂環環相扣，實爲一體的。因此，這本書除了期盼拋磚引玉於社會，使民衆能增加對圖書館和圖書出版的認識外，亦希望能與圖書館界人士——尤其是基層的圖書館員彼此切磋學習，讓我們一齊爲我們的基礎建設工作互相打氣。

本書之出版，首先要謝謝曾任國立中央圖書館館長、現任中國圖書館學會理事長的王振鵠教授以及現任國立中央圖書館館長曾濟群教授惠予序文，他們都是我所敬仰的老師和長官，在學識和爲人處事方面都教導我很多。中央圖書館前任和現任閱覽組主任張錦郎先生和宋建成先生，他們都是我師大的學長，在工作上也給予我很多指導；他們的職業熱忱也是我所該學習的。我還要謝謝參考室莊健國先生和其他伙伴們，在參考工作的團隊中，我們共同爲盡一點圖書館員的社會教育責任而努力，我也從他們學習到他們所擁有的各項專長。期刊股的蕭宜明和鄭敦仁先生，他們是很好的資訊選粹服務人員，經常將有關中西文雜誌送到參考室讓我們閱讀新知，我從這些雜誌獲益良多，也得到不少寫作題材，這要對他們的服務熱心表示十萬分的謝意！還有，我也要謝謝閱覽組同人翁慧珊小姐協助本書的校對，她的嫺靜和細心，使本書得以儘早出版。內人吳碧娟女士幫忙本書的規劃出版和繕打內容標目及校訂全書，亦在此稱謝，她是一位優秀且務實的圖書館從業人員，亦是我的家庭好伙伴。

最後，當然要謝謝文史哲出版社總經理彭正雄先生慨允出版這本書。這是我們合作的第三本書，沒有他豐富的出版、印刷經驗，就沒有這本書的產生。

王錫璋　謹識於國立中央圖書館

民國八十四年十月廿日

知識的門徑—圖書館・讀書與出版　目次

第一輯

圖書館乃真正之大學

——喀萊爾（Thomas Carlyle），蘇格蘭作家、歷史家、哲學家——

旅行的圖書館——圖書巡迴車

行政院研考會在本年九月發表一項評估報告，表示國內目前大部分社教機構都集中在平地都會地區，鄉鎮市極少，山地與離島更付之闕如。與此相映照的是李總統於九月十八日在高雄「文化巡禮」活動中強調文化工作應以社區爲推動基點。這兩項訊息都顯示我們的社會教育和文化資源都還未能深入照顧到偏郊地區或基層社區。美國公共圖書館著名的圖書巡迴車制度，倒是值得我們參考借鑑的。

圖書巡迴車（Bookmobile）顧名思義就是載著書籍巡迴各地供民眾閱讀、借閱的車輛，由於其不斷移動，將書香散播各地的性質，故又稱之爲「旅行的圖書館」（Traveling Library）。此種圖書巡迴車，在十九世紀末的美國公共圖書館即已開始發展。美國圖書館事業雖然起源甚早，也最發達，但因爲國家幅員廣大，許多郊區野地等遠離都市鄉鎮或交通不便地區的居民，均無法享受到公共圖書館的服務，因此公共圖書館乃想出以車輛載運圖書，穿過田野，越過山區、雪地等，將書籍送到一定聚落地點供民眾閱讀，甚至於像郵差一樣逐家逐戶（House to House）地遞送精神食糧。

美國圖書館學家杜威在一九〇六年二月號的Dial雜誌上就提到，一八九二年紐約州就已有載運圖書巡迴各偏遠地區民衆的服務。當然，早期的圖書巡迴車自然像西部的馬車、篷車文化一樣，以較簡陋的交通工具運送圖書。但隨著汽車的發達，圖書巡迴車也不斷發展；一九一九年明尼蘇達州喜賓郡（Hibbing County）的公共圖書館巡迴車已是用大型的大貨車（Walk in Van），裡面除了載運圖書外，還有工作人員的桌子和容納十二人的空間，並且在服務範圍一百六十五平方英里內設有廿七個停留站。

這種以圖書巡迴車延伸其圖書服務的制度在美國各州逐漸普及，像一九六二年，俄亥俄州全州四分之一的公共圖書館皆設有圖書巡迴車，其借閱量佔一般圖書館借閱量的一四．二%，可見這是不可忽視的讀書群；尤其是一些鄉間小學，缺乏圖書設備，更視圖書巡迴車的來臨，爲學校的一件大事，該日莫不「簞食壺漿」，以迎書車。

這種不辭辛勞，越過荒郊野地，以服務少數民衆的精神，在本世紀交通工具發達後，更有多樣化的發展；根據文獻記載，法國國家鐵路在一九五七年曾以火車運送萬冊圖書，沿途服務東南地區的鐵路員工及眷屬；挪威卑爾根公共圖書館也曾以船運方式，提供圖書給沿海及離島地區居民；美國新墨西哥州亦以小飛機載送圖書給印第安保留區住民閱讀——這些都是圖書巡迴車精神的延伸，無非是要在精神食糧上照顧到偏遠地區民衆。

時至今日，雖然美國汽車已相當普及，公路網也四通八達，但許多公共圖書館依然保有著圖書巡迴車，以主動出擊的服務，扮演著「書香使者」的角色，將精神食糧散播到偏遠地區。

隨著時代進步，圖書巡迴車也更進步、新型，更有專門製造圖書巡迴車的公司，如Matthews Specialty Vehicles公司、Overland Custom Coach公司等。一般而言，圖書巡迴車底盤要堅固，以便適應各種坡地、山地、寒地地形；車身要寬長，以便空間能容納較多圖書和人員、設備，如Matthews 公司圖書巡迴車系列有2000、3000、4000、5000、6000等型，長度分別有二十一英尺至四十英尺不等，可載運圖書一千六百冊至五千五百冊等。至於車子外型、顏色亦各有不同，不過通常除了漆有公共圖書館名稱外，還會有「讀書」（Read）等字樣或圖案的標誌。Overland公司的巡迴車，在車門口還有傾斜板，以方便殘障人士上下。至於內部的書架、書櫃，都需特別訂製，以安全又容易移動和組合爲設計原則。此外，還要有圖書館員工作桌或電腦工作站的設備；其他電力系統、空調系統亦需講究。依據Matthews公司的目錄所示，一部巡迴車大約要五萬五千至十三萬五千美元左右，依各型、款式不同而異。

但不是有車即可，在行政配合方面，公共圖書館通常要組織「圖書巡迴車」部門，專門規劃車子巡迴路線和停靠地點，並且配合各地需要選擇適當圖書，還要辦理宣傳（Publicity）活動。人事方面則要有訓練有素、駕駛技術純熟的司機和有良好健康、良好體力，能在窄小空間長期工作，而又精熟圖書館流通作業或參考諮詢的專業圖書館員。

總之，圖書巡迴車是照顧偏遠地區民眾的一種積極性社教措施，對知識、文化的普及具有相當意義。我國各縣市公共圖書館鮮少有組織性的圖書巡迴車，台北市立圖書館多年前據說有一部，可惜後來被審計單位認爲市圖已有多所分館而取消，這是十分可惜的。其實，台北市即使十分都市化了，但南港、內湖、木柵等地區還是有一些偏遠郊區或山區，離各分館仍有一大段距離。何況台北市縣行政區域以後可能調整，台北縣一些偏遠鄉鎮如石碇、平溪、深坑等都可能合併入台北市，台北市幅員將更大，事實上還需要巡迴車服務那些偏遠地方的社區居民。而其他如花蓮、台東、南投、屏東……等山地遼闊的縣市，大概更需要圖書巡迴車去充當各偏遠地區的小小臨時「輪上分館」了。

（原載聯合報83年10月13日讀書人版，83年11月9日北美世界日報副刊轉載）

細述國家圖書館的功能

源起與特徵

國家（或國立）圖書館National Library成立的目的原先是在蒐集、保存國家的圖書文獻，以維繫國家文化、智慧成就的延續。世界上設立國家圖書館最早可說是起源於一七九五年法國在大革命之後，國民評議會將原先屬於王室的皇家圖書館改名爲法國國家圖書館（Bibliothèque Nationale），一方面蒐集逃亡貴族所遺留的圖書，以避免國家文獻流失；一方面也顯示圖書館將不再爲皇室貴族所獨享，而要爲全國國民服務。法國國家圖書館成立後，大量珍貴典籍皆歸入典藏，同時自一五三七年皇家圖書館即已推行呈繳制度（即法國出版的書籍必須有一部呈繳到該館），國家圖書館自然繼續實施這種制度，館藏量因之日增，成爲國家文獻中心。

此種設立國家圖書館的觀念很快被各國所採納，十九世紀，已經有超過二十個國家成立各國的國立圖書館，到二十世紀初期，繼續有三十幾個國家設立，及至目前，根據日本前國立國會圖書館副館長鈴木平八郎在一九八四年所著《國立圖書館——近代的機能の展開》一書中所列的資料，已有一百三十個國家設立了國家、國立圖書館或類似這種性質而名稱稍異的圖書館。（如美國的國會圖書館及日本的國立國會圖書館，事實上都在執行國家圖書館的任務），有些國家還有兩所以上的國立圖書館（如美國除國會圖書館外，尚有國立醫學圖書館、國立農業圖書館）。

國家圖書館的特徵是大部分設在首都，且藏書豐富，皆以儘量蒐集齊備全國出版品爲目標；而國家圖書館的藏書量，也就幾乎是一個國家文化成就的表徵，觀諸目前美國（國會圖書館）、蘇俄（列寧圖書館）、英國（大英圖書館）、法國（國家圖書館）其館藏皆在千萬冊以上。

功能與時俱進

然而國家圖書館設立的功能，並非僅在典藏國家文獻，因著時代的演進，國家圖書館所擔負的任務也跟著增加、繁重。關於國家圖書館的功能，自一九五〇年代起諸多的國際性圖書館研討會就已分別有許多學者提出。一九七〇年聯合國教科文組織UNESCO總會中所發表的「關於圖書館統計之國際標準建議書」也對國家圖書館下一定義以說明其功能，此一定義認爲國家圖書館應以法定呈繳方式來負責蒐集、保存國家文獻，同時要編印國家圖書目錄、蒐購外國重要圖書資料（尤其是所有以外國語文寫的有關本國研究的著作），以擔任起一國書目資訊中心的角色。但此定義一般被認爲消極而不夠進取，公共服務的精神不足。一九六六年英國伯明翰大學圖書館長韓福瑞K. W. Humphrey亦曾發表〈國家圖書館的功能〉論文，他將國家圖書館應負的任務依輕重緩急分爲三大類十五項，此三大類爲：

㈠基本的任務——包括集中典藏本國文獻、依法執行出版品呈繳、合理蒐集世界經典文獻、編印全國書目、成立全國書目資訊中心、出版各種目錄及展覽工作等七項。

㈡重要的任務——包括辦理館際互借、收藏珍貴稿本、研究圖書館技術等三項。

㈢其他的任務——包括辦理國際交換、複本分配、為盲人讀者服務、訓練圖書館專業人員、提供圖書館技術的協助等五項。

資訊時代演變

韓氏之說明固然較為詳盡明晰，但又似頗多疊床架屋，且二十年來圖書館事業之演進，圖書館自動化作業之推展，亦使國家圖書館之角色和功能雖基本精神不變，然亦稍有調整，一般言之，現代國家圖書館之功能和工作大約有如下數端：

一、依法徵集國內出版品以典藏國家文獻：此即前面所提到的呈繳制度。呈繳制度的目的通常有三：㈠是如美國國會圖書館設立版權局，出版品呈繳到國會圖書館，則可順便取得著作權；㈡是檢閱制度，像東歐國家作為對出版品內容的檢查；㈢是保存國家文獻——此即國家圖書館最基本的功能。至若呈繳的部數各國不一，唯現在一般學者認為理想的部數應在三部，一部典藏，一部供讀者借閱流通，另一部作為館際互借之用。

二、編印各種書目：國家圖書館既有徵繳圖書的權利，則亦有義務將藏書編印成各種書目，以供查檢利用，這些書目中最重要的就是當代的全國書目，其他還應編印各種主題的學科目錄、作爲圖書館互借工具的各館聯合目錄及各種期刊論文索引等，如力有所及，亦應編製回溯性的國家書目等。

三、蒐購重要國外著作：除各學科的經典著作外，並應特重蒐集外國研究本國的一切著作。（通常國家圖書館都以本國語文的蒐藏配合蒐集外國研究本國的資料而成立研究該國學術的中心，如我國中央圖書館成立的「漢學研究資料及服務中心」。）

四、輔導全國圖書館事業、協助各館圖書館技術：國家圖書館因居於領導地位，故應在技術工作上協助各館，並規劃全國圖書館事業發展的方向。尤其是在目前推動業務自動化的時代，更應發展全國圖書館資訊網，使國家圖書館不僅成爲書目的中心，且能促進各館資訊相互交流。

五、國際間的合作和交流：國家圖書館一般皆代表國家執行出版品國際交換，以獲得各國的學術刊物。另外，在圖書館的技術工作上，亦應配合國際標準，以促使圖書館書目資訊的交流，如目前國際圖書館界正推行各種書目的標準化，以促使達到「國際書目控制」（Universal Bibliographic Control簡稱UBC），進而達到「出版物的世界利用」（Universal Availability of Publication簡稱UAP）的理想目標，而這些都要靠各國國家圖書館的領導、合作，才能達成的。

至若其他參考諮詢服務、圖書借閱、讀者輔導、圖書展覽及舉辦有關圖書利用之各項活動，國家圖書館與其他各類型圖書館之文化、教育、資訊、推廣功能並無不同，唯以國家圖書館之藏書較豐，服務層面較廣，故在讀者服務方面應兼顧領導職能，提升服務品質，使之成爲全國有形與無形的圖書館事業領導中心。

典守與蒐存

我國國立中央圖書館自民國二十二年成立後，成為典守全國文獻之國家圖書館，並於抗戰、剿匪之顛沛流離之戰亂時期，仍積極尋訪圖籍，搜購因戰亂而流失之古書，使國家之文化精華（包括善本書十二萬冊、金石拓片六千種，普通線裝書萬餘冊，及重要之中西文圖書、期刊、公報等）得以獲得保存而遷運來台。

民國四十三年在台北市南海路復館後，於物力、人力極端缺乏情形下，仍繼續拓展業務，肩負國家圖書館之任務，其重要工作如下：

一、依據出版法徵集國內出版品，以蒐集本國文獻。

二、保管與維護古籍，除加強珍善本書之維護外，並編印各種善本目錄，辦理古籍之校理與考訂，並複製古籍（攝製成微捲），以增廣流傳，促進中華文化之宏揚。

三、編印「中華民國出版圖書目錄」、「中華民國期刊論文索引」、「中華民國行政機關出版品目錄」、「中華民國圖書聯合目錄」「中華民國政府公報索引」等各種書目、索引。

四、成立「出版品國際交換處」，代表我國與世界八十餘國建立書刊交換關係，促進國際間之文化交流。

五、領導全國圖書館推動圖書館自動化作業，並建立全國統一之圖書編目作業制度。

六、成立「漢學研究資料及服務中心」（按：後來改名「漢學研究中心」），蒐集國內外漢學研究資料，提供國內外漢學家有關資料性服務，並加強與各學術研究機構之連繫與合作，以促使我國成爲國際間研究漢學之重鎮。

七、輔導全國圖書館事業之發展，加強圖書館學術研究、辦理在職訓練，以提升全國圖書館管理技術與方法。

擴充與發展

以上僅列舉國立中央圖書館就國家圖書館之角色在復館卅多年來之重要工作，其他參考、閱覽業務之推行亦不遺餘力。唯近年來，國立中央圖書館因藏書日增，各項國家圖書館之業務職掌亦日漸推展，目前南海路之館舍已因狹隘而不敷使用，且因工作人員不足，已逐漸不能充分發揮國家圖書館之功能及對讀者服務和各項推廣活動之工作，因之乃於民國七十一年起在中山南路興建一座總面積一萬二千多坪的新館，除可典藏圖書二百五十萬至三百萬冊外，並有閱覽座位二千多席及各種文教活動區域，這座新穎而現代化的圖書館，除了是目前國內圖書館建築的典範外，國人也盼望中央圖書館在遷入新館後，能更發揮國家圖書館的功能。

我們固然欣賀國立中央圖書館有了新穎的新館，唯顧前瞻後，欲使國家圖書館之未來業務更具發展，仍需考量下列幾項：

一、應結合著作權法和出版法之呈繳，使國內出版圖書能像美國一樣，呈繳兩部到國會圖書館即可取得著作權，這樣使得出版品之呈繳意願較高，國家圖書館蒐集之文獻將可更爲齊全，否則目前著作權登記在內政部，出版品管理在新聞局，典藏文獻在中央圖書館，出版品要分送三個單位，相當不便又繁瑣，影響著作權登記和呈繳意願，中央圖書館所徵集之國內出版品因之不甚齊全，對集中典藏全國文獻之功能亦將有所影響。

二、資訊出版已日漸迅速氾濫，觀諸美國國會圖書館於一八九七年傑佛遜館（Thomas Jefferson Building）落成後，原定可使用至一九七五年，不料到一九二〇年代就不敷使用，因之乃有一九三九年的第二座亞當斯館（John Adams Building）及一九八〇年的第三座麥迪遜館（James Madison Building）的興建，而這三座館舍都在鄰近且有地道相通；日本國立國會圖書館亦將在目前館舍北面擴建一幢全部面積達七萬三千平方公尺的別館。可見資料的迅增常是不可忽視的力量。中央圖書館的新館預計可典藏二百五十萬冊，似只就未來十五到二十年之發展考量而已（何況未來幾年資訊的激增未可估計），而新館位於警備博愛區，高度受限，周圍又未能留有腹地，故未來發展似宜考量仍在舊址留有館舍以應分散資料的需要；而日本國會圖書館的別館除地上四層外，地下八層則深入三十公尺，主要作爲書庫，並有防原子彈之功能，以避免戰火之侵襲。而中央圖書館之書庫，甚至善本書庫均位於地面之上，似較爲堪憂，故如何加強典籍之維護，仍需考量。

三、人員經費之適當配合，新館面積爲舊館之三—四倍，唯因行政精簡之關係，人員、經費並未能比照面積之擴建倍數而增加，因之，如欲充分推展國家圖書館之任務，有關當局仍應考量人力、經費之逐步配合，以推行各項新的業務，尤其新館地近總統府、立法院、監察院、行政院、外交部、教育部等政府機構，除了對一般民衆之服務外，對政府機關施政、立法資料之供應上，亦將承擔沉重之任務，故在各種專業人員之配置上必須考量——此點筆者在中國論壇一七二期「談中央圖書館對國會之資訊服務」一文中亦曾詳細提及。

國立中央圖書館在幾任館長及現任館長王振鵠先生苦心經營之下，多年來業務已卓然有成，近年來王館長更是積極發展館務，「籌建現代化新館」、「推展自動化作業」、「成立漢學中心」是其使國家圖書館邁向現代化的三項成就，相信在他卓越領導之下，遷入新館後，國家圖書館功能將更爲顯著。

（原載中國論壇二八四期76年7月25日）

釐清各級圖書館功能

圖書館是蒐集、組織、整理圖書資料，以供其讀者利用的機構，它以教育民衆、普及知識爲目標。因此，一般而言，它服務的對象應該力求普及，開放的時間也應儘量以配合其服務讀者的需求爲原則。

但是，除了服務範圍有其限定的各級學校圖書館和專門機構圖書館外，一般人比較不了解的是，爲什麼同屬服務公衆的國家圖書館，其讀者的對象比一般公共圖書館受到較大的限制，例如我國的國立中央圖書館限定十九歲以上才能申請閱覽證；日本的國立國會圖書館則規定二十歲以上才能利用其館藏；美國的國會圖書館亦是要超過高中以上才能使用；最嚴格的大概是中國大陸的北京圖書館，它需要助理工程師、助教、助理編輯、實習研究員或相當於這些專業技術職務的人員及中小學教師、國家機關幹部、人民解放軍軍官、研究生、大學四年級以上學生才可辦理閱覽證。

爲什麼國家圖書館的讀者要比較有所限制？這當然要談到國家圖書館的功能和任務稍有別於一般公共圖書館。國家圖書館應如銀行界的中央銀行一樣，執行和一般銀行對民衆貸放款不同的使命；中央銀行以促進全國的金融穩定，健全銀行業務，維護對內、外幣位之穩定及協助國家經濟之發展爲目標，其著眼點在全國性金融、經濟之發展及銀行業之輔導；同樣的，國家圖書館的功能和任務，一般而言，在於集中典藏國家文獻、保管維護古籍、編印國家書目、輔導全國圖書館事業，代表國家執行國際間圖書的交換、成立本國學術研究中心（如我國的漢學研究中心）……等（詳見筆者在《中國論壇》二八四期〈細述國家圖書館的功能〉一文），其中尤以「依據出版法徵集國內出版品，以蒐集本國文獻」這項任務最能凸顯各國國家圖書館之重要功能。頗多學者即以此功能認爲中央圖書館應改隸爾後即將成立的文化部。而非現在的教育部。如台大圖書館系教授胡述兆在77年4月29日《中央日報》〈爲國立中央圖書館重新定位〉一文即言：「保存文化爲國家圖書館的主要功能之一，國立中央圖書館的業務，有關文化層面多，屬於教育範圍少，故該館以隸屬文化部爲宜。」當今文獻，放之五、六十年，甚至百年以後，即成所謂的珍善本書，亦爲國家文化經驗之資源，各國國家圖書館大多負此任務，因此在圖書借閱方面比公共圖書館有較多的限制，通常多不准借出館外，此爲一般民衆所宜了解的。

至若對讀者年齡層面的限制，則在於國家圖書館負擔了其他圖書館所沒有的編印全國書目、成立全國書目中心、輔導全國圖書館事業、執行國際間出版品交換等繁重工作，基於分工的原則，一般國家圖書館多將年齡層面較低的讀者服務，交給各公共圖書館負責，本身則偏向爲學術、研究圖書館性質，並多爲政府機關提供服務。此猶如現在大家提倡的醫療分級制一樣，大型教學醫院和小型醫院診所的功能允宜分開一般。

而現在，國內的中央圖書館雖然也有讀者年齡的限制，但主管教育當局和一般民衆似乎仍未有釐清國家圖書館和公共圖書館功能不同的觀念，認爲圖書館還是人愈多愈好，中央圖書館大概基於各界壓力，於遷館時不得不將讀者年齡限制自原來之廿歲降低爲十九歲；爲了應付一般圖書館最多的「佔位置，只爲看自己升學、考試書」的民衆，也不得不像所有的公共圖書館（甚至大學圖書館、中小學圖書館）一樣，開闢一間面積頗大的自修室，供讀者念自己的書。而一些看報紙、看休閒雜誌的讀者，也經常將期刊閱覽室擠得滿滿的，一些大學生寫作業，也大量調借期刊、書籍複印，使用頻率過高造成的破損，加上讀者衆多帶來的書籍遺失、割毀等問題，已使圖書文獻保存的功能蒙上一層陰影。大量的讀者，以及開放時間每週達八十四小時之長（超過日本國會圖書館和北京圖書館，甚至於美國國會圖書館），使中央圖書館必須投入一半以上的人力在閱覽服務方面，相對的，其他的本身編目工作，以及推動全國圖書館自動化，成立書目中心、資訊網路等計畫，在有限的人力之下，都受到極大的影響；就整體角度來看，這並非是好的現象，如同現在許多民衆就醫一樣，無論大小病都擠向台大、榮總等大型醫院，將會造成大醫院醫療品質的下降，也會影響其教學醫院的功能的。

當然，造成目前的情況，也有我們先天條件不足的原因。我們的公共圖書館還不能像先進國家那麼普及而且藏書也有一定的基礎，甚至於大專院校圖書館館藏也有頗多不足學生基本的研究、寫報告、寫作業所需的，因此不得不擠往中央圖書館。中央圖書館因之也不得不有以上的因應措施，這種半學術、半公共圖書館的角色地位，正如同前館長王振鵠先生所說的是「過渡轉型期」，而以後希望有關當局能更重視圖書館的普及，使看報紙、休閒圖書、雜誌的民衆，能在自己居住的社區附近，即能有圖書館

（室）能供應他們精神食糧；各級學校圖書館也都能普遍設立、充實藏書，使做作業、趕報告的學生能很方便地在自己學校找到所需的資料，如此各級圖書館的功能將更能釐清，圖書館事業也因之能全面發展。

（原載中國論壇三四九期79年4月10日）

圖書館、圖書館員的專業化功能

根據圖書館史文獻的記載，圖書館在西方世界已存在了將近五千年；而我們中國在商代遺址中所發現的「窖」，其中有一部分就是典藏資料的場所。到了周朝，政府機構就已有專門管理圖書的官員，像老子就曾爲周朝守藏史。但無論西方或中國，早期圖書館多屬皇帝蒐藏，或是私人藏書樓性質；在歷史上，也未曾有民衆起而要求設立圖書館，像起而要求其他權利一樣，圖書館的發展，有一大段時期都是靠著宮廷、寺院的蒐藏或是少數人熱心、努力和奉獻建立的私人藏書樓；雖然對文化的傳遞，有很大的貢獻，但對民衆教育的普及，卻較少有作用。

圖書館從蒐集、組織、保存人類思想言行的各項紀錄，到開放公衆利用，甚至於提供各種協助，乃是近代才有的，尤以美國自十九世紀末開始有所謂的參考諮詢服務，更是把圖書館推進到「圖書館事業」的境界，這應是圖書館史的第一次大進展。

其次，到了本世紀五〇、六〇年代以後，由於資訊的迅速增加和電腦的發展應用，使得圖書館更經由現代化設備的處理，擔負起資訊的蒐集、整理、儲存和運用的任務，以成爲學術和知識的傳播中心，圖書館的角色更爲重要。今日，我們圖書館面臨的是資訊化的社會，一方面知識成長太快，一方面資訊媒體也趨向多元化，不僅傳統的印刷品如洪水般繼續湧現，非印刷型的媒體，如錄音、錄影、縮影、磁碟等產品資料也不斷推陳出新。因此圖書館在經營方法上已開始推動業務的自動化，以方便各種資料的建檔、管理；同時也要建立各種圖書資料的網路系統，以便利各地資訊的互相交流和查詢利用。而隨著知識和教育的普及，社會大衆對新知的需求也不斷提升，圖書館在服務讀者方面，更已積極採取各項主動的服務措施，並透過圖書館的館際互借和複印，來達到資源共享的目的。也就是說，圖書館已由社會教育機構更成爲資訊傳播的機構，這是圖書館史上的第二次大進展。

然而圖書館事業在近年來雖然大有進展，但圖書館和圖書館員的社會地位是否也有同樣的提升？答案恐怕是否定的。

就圖書館本身而言，圖書館是文化、教育事業的一項，但卻仍是國家建設中較不受重視的一環；以我們國內而言，文教經費佔總預算百分比之低微是衆所皆知的，而圖書館的經費更只是其中社會教育項目下的一小部分，可說是屬於弱勢的建設。其實，我們也不必感嘆，在圖書館事業算是較先進、發達的英美兩國也是如此，近年來經濟不景氣，也使他們的圖書館事業遭遇到空前的危機。像去年，英國各地公共圖書館的分館常被迫關門、或是縮減開放時間；而裁員、刪減經費等不幸事件，更是波及到各級圖書館。美國這兩年來的情況也令人沮喪，不僅各地圖書館減少開館時間，其他凍結新書採購預算、解聘職員、關閉分館等措施，也是使美國圖書館協會去年不得不發起「爲美國圖書館而傾訴」（

Call for American's Libraries）的打電話活動，促使民衆開始爭取求知的權利，這些民衆的電話內容要轉給政府部門，讓他們重視人民之聲。但不管怎樣，圖書館這種只花錢而較難以立即見到成果的機構，在政府中的確是較受到忽視的一個機構，經濟一不景氣，大概首先就遭到開刀、減肥的罷！

而圖書館員，雖然自認爲有專家的身份，近年來也有頗多圖書館學博士、碩士學位的專家投入圖書館的工作，但其在社會上的地位，卻一直未能與所謂的四師——醫師、律師、會計師、建築師等相比，甚至於遠落於其他行業。四、五年前在報上看到一份國小學生對其家長職業認同的調查報告，在五十幾種職業中，小學生認爲最崇高的依次是大學校長、教授、醫師……等，圖書館員大概是排名第四十六；而八十年八月六日中時晚報登出的一項職業聲望排行榜，在一百五十四種行業中，圖書館員也只排在第八十八名。圖書館員爲社會默默耕耘，卻受到社會的忽視，筆者在「話說圖書館員」一文（見「自由青年」七三一期，七十九年七月號）有詳細的敘述，在此不再多述，唯其原因確値得探討。

圖書館和圖書館員如何提升其角色地位，讓大家重視它，除主管之教育當局應予深思外，圖書館界和圖書館員本身亦應有所努力的。

首先就環境而言，我們可能要更加重視圖書館或資料中心的專業化。目前的公共圖書館是民衆較常利用的，但一般公共圖書館搜集資料只講求普及化，就資料的深度而言就無法達到。圖書館員也常是公務員上班的心態，或是受到公務法規或經費等種種行政的限制，無法有像古代藏書家搜珍網佚的精神，或私人機構採購行事的方便，因此，我們一般公共圖書館搜集圖書資料或許不算少，但深入而專門的資料，有時卻不如一些民間的資料中心；像文訊雜誌社的「文藝資料及服務中心」或是三商行的「中國飲食文化圖書館」，其有關現代文藝或飲食的資料，都是一般圖書館無法與之相比的，而需要這種資料的，可能就是專業人士，他們在一般圖書館無法獲得深入資料，對圖書館的認同感就不高。只是民間資料中心的努力，卻常受限於不穩定的支持者，使得它們無法像一般公共圖書館能夠安定的發展，而多爲民衆所認識和利用。因此，我們覺得政府除了設立一般的公共圖書館，作爲民衆閱讀、休閒之用外，也應多設立或支持各種專業性的圖書館或資料服務中心，以滿足需要專業資料的部分讀者。何況，資訊的膨脹，使得圖書館搜集資料已無不捉襟見肘，倒不如多採取分工合作的方式，多支持幾所專業圖書館或資料中心，讓它們也能像公共圖書館一樣，有較大場地、較多的人員來服務更多的民衆和需求的讀者。（否則，這些圖書館或資料中心總是限於條件，無法公開讓民衆普遍利用。）就這樣，有專業需求的民衆，才不會到一般圖書館，覺得要什麼，缺什麼的，對圖書館的認同，相信就會不同了。

同樣的，圖書館員邁向專業化也是必然的趨勢。美國圖書館專家Fargo女士數十年前曾把圖書館比喻爲一個商店，圖書館員則應像店員一樣，要有親切的服務態度，也要熟悉店內有那些貨品。但那是在以前館藏不多的年代，現在的館員服務親切依然是必要的，但動輒數十萬、數百萬冊的館藏已非一個人所熟悉得起的；或許有人說使用電腦查詢即可，但就圖書的分類編目和參考諮詢服務的工作而言，現代各項精細分工的學術體系，已非一般圖書館科系的館員所能負擔得起了。在美國，圖書館科系是建立在研究所階段，即必須有各學系畢業的專長和學科背景，才得以進入圖書館學研究所，這點倒是我們圖書館教育上值得考量的，否則圖書館系就應像醫科那樣延長爲六、七年，除圖書館專業技術外，也要有兩、三年的各學科訓練。當然，先決條件是我們的政府機構也要提高圖書館員的專業地位，比如說採用大學教師的待遇禮聘各級圖書館員，才能吸收到優秀的圖書館員，尤其是更應配置較多的專業圖書館員在公共服務方面，讓從事公共服務的圖書館員，於人手充足之下，從事服務讀者的工作，使讀者一有問題，即能找到具有各種學科專長的圖書館員爲其協助解決。這樣讀者自然相信圖書館員是他們利用圖書館的良師益友，對圖書館、圖書館員的印象自然會改觀了。

當然，我們不能否定一般公共圖書館的功能和貢獻，但這是一個分工日趨專業的社會，圖書館爲配合趨勢，也應該有更多的專業圖書館和更多的專業圖書館員爲民衆服務。我們國內也的確有一些專業圖書館（中央圖書館即印有具有特色館藏的幾個圖書館簡介小冊），但大部分是屬於半閉塞性的，無法廣爲民衆所知道或方便地利用；如何協助它們擴展業務或建立更多的專業性圖書館而普遍爲讀者利用，是政府有關部門可以重視的。

（原載文訊九二期82年6月）

火燒藏書樓

書籍是人類知識與經驗所累積的結晶品，也是智者心靈的產物，故古今中外皆以典籍弘宣教導、傳承文化。而爲了聚集、整理、保存圖書典籍，以免散佚，自然產生了聚書之地，如古代的私人藏書樓、歷代宮廷的各種館閣以及現代所謂的圖書館。

然而，儘管書籍是人類文化的象徵，也一直受到重視，但卻常遭到毀滅扼害——從內涵上來說，由於典籍蘊含人類的智慧和思想，許多專制的暴君知道文字的力量遠比刀槍厲害，爲了愚民統治，經常下令焚書或查禁；而從外體而言，書籍無論是竹簡、絲帛、捲軸以及現在的紙張型式，都是最脆弱的物質，因此經常會毀於天災人禍。隋朝牛弘曾言及圖書五厄，明人胡元瑞在六朝之後再加五厄，成爲所謂的圖書十厄，十厄之中，除了秦始皇焚書是有意的人爲因素之外，大都是因爲兵亂而毀於無情的戰火的。因此歷代典籍聚散無常，比對各朝史書藝文志就可知道，雖然書籍歷史悠久，但留存於今的實十不及一。

書籍毀於戰火固是時代的悲劇，但如果是在承平時代遭到毀滅，那就更令人痛心。火災即爲承平時期書籍最大之厄，眨眼瞬間，千年珍籍即可化爲灰燼，不似水災或蟲蛀，還可勉強修補。因此我國舊時藏書之所，皆重防火。清朝葉德輝的「藏書十約」就言：「室宜近池水，引濕就下，潮不入書樓」，就指出藏書之所要近池水，可以吸引潮濕，遇火警也可以就近取水。明代范氏天一閣藏書樓除了以磚瓷爲牆外，還不許人晚上來閣樓看書，以免引用燈火；同時也不許人嗜食菸草，以斷絕火厄。明清內庭典藏實錄的地方，還把書籍密封於銅櫃之中，不輕易開啓。雖然有這些防範方法，乾隆皇帝修四庫全書還不放心，他令館臣將四庫全書抄錄七部，分置七閣，以分散風險。（事實上他是做對了，四庫七閣歷經洪楊之亂和英法聯軍，已毀了三閣半，如果當初他只抄錄一部，難保今天我們還看得到這套巨大的叢書）。

古代官私藏書可以採用各種隔絕、禁閱、限閱的方式來防火，但現代聚集圖書的所謂「知識之寶庫」的圖書館可不能這樣。圖書館不僅不能像古人藏書樓所在「常擇山水秀麗之區，非唯遠避市人塵囂，抑且啓發靈思雅興」一樣，反而要儘量在市區交通方便之處（大學圖書館也通常蓋在校園心臟地帶），同時圖書館爲了便利讀者，不但開放時間要長，而且也大都要採開架式，讀者因之來來往往，即使是以前一向是隱蔽安靜的書庫區，亦到處有讀者存在，人跡一來，圖書毀損、破壞的比率自然增加。現代圖書館的建築及藏書的典藏，雖然比以前進步改善很多，但火災仍將是書籍最大之厄，美國圖書館協會於一九八六年所出版的《圖書館災害預防手冊》中，「防火」一章指出火災的原因有人爲縱火、電線問題、暖氣設備問題、抽菸、閃電……等，其中竟然以人爲縱火的次數最多，從一九五〇年代的18%逐漸增到六〇年代的47%、七〇年代的78%和八〇年代的85%，而其他方面的因素則因建築結構和設備的改進而逐年減少。縱火者的增加，自然是表示社會問題的嚴重，對圖書館的威脅實在很大，尤其現代圖書館藏書動輒數十萬、百萬，一旦遭祝融侵襲，損失將難以估算。今年和前年，蘇俄和美國各有一所大型圖書館遭到回祿之災，我們可看看其慘痛：

一九八八年二月十四日，位於列寧格勒的蘇俄國家科學院圖書館遭到火災，大火燒了一天一夜，損失嚴重。科學院圖書館是蘇俄第三大圖書館，根據一九八七年《世界學術機構錄》（World of Learning）所載，該館藏書共有一千兩百八十萬冊，而這次大火，有四十萬冊毀於祝融，另有三百六十萬冊因救火的噴水而遭到水浸。救災人員光剷除焦黑的殘留書冊，就得花上數星期。科學院圖書館是彼得大帝一七一四年所建，一七二五年劃歸科學院所轄，故所藏古籍珍善本書極多，這次火災，有多少善本書籍受損，尙未見報導，不過蘇聯消息發佈一向遲緩，這次大火發生在二月中旬，但外電到四月初才報導，國內報紙也在四月十日才看到一點短聞。紐約時報四月一日刊載這項消息時，還報導一位蘇聯圖書文獻及文化史專家林可哈契夫（Dmitri S. Likhachev）的指責，他認爲圖書館當局在這次劫難中刻意隱藏損失，以推土機掃除一些尙可補救的圖書，使得這些圖書與灰燼同歸於滅。林可哈契夫也說，他早已警告過蘇俄許多圖書館的建築設備（尤其是擁有珍善古籍的老舊圖書館），對災害的應變實在堪慮。莫斯科新聞周刊三月廿七日也認爲科學院圖書館缺乏防火系統，消防隊救火也是採用傳統方式，以致灑水、灌水十九小時，淹水圖書自然高達三百六十萬冊。還好，蘇聯人民一向愛書，又能發揮社區精神，據前往協助處理災害的三位美國圖書維護專家之一——國會圖書館的華特說，他對大約有六千多的蘇聯市民紛紛協助將水漬圖書帶回家風乾、曬乾再歸還圖書館的情景，印象非常深刻。這種愛護圖書的救助精神，使得圖書館節省很多人力，圖書館運作將可很快恢復。不過，圖書館館長裴洛夫（Vladimir Filov）畢竟承受不了如此嚴重的打擊，心臟病發而住院了。

蘇聯科學院圖書館失火原因未明，而發生在一九八六年四月廿九日的美國洛杉磯公共圖書館總館的火災，卻是人爲的縱火。洛杉磯公共圖書館藏書二百卌萬冊，是次於紐約、波士頓的美國第三大公共圖書館，建築也超過六十年了，這種高齡的圖書館建築，也常是過去圖書館的典型。這種建築，從前面外觀或公共閱覽區內看去，只有二至四層樓，但建築主體後面的書庫區，爲了容納較多的圖書，在同樣的高度下常隔了六、七層，使得書庫每層較爲低矮，書架也排得較爲緊密，每層樓之間就在樓板開個洞架設樓梯，因此一旦發生火災，火舌即沿著這個洞口飛竄，很快波及到其他樓層，搶救時，灌水也因這個洞口而使得各樓層很容易淹水。洛杉磯公共圖書館這次大火，共計燒毀三十七萬五千冊圖書，由於噴水、灌水共用了一百廿五萬加侖的水，因此也有七十萬冊圖書受水浸泡。此次災難，建物及圖書損失估計約二千二百萬美元，爲了清理水漬圖書，租用倉庫擺置，每日租金亦要一千美元。由於圖書泰半受損，圖書館預計一九九二年才能重新開放。和蘇俄人愛書精神相反的是，這次火災是有人在書庫區故意縱火，以致連累消防隊出動三部直升機，六十輛救火車和三百一十名救火人員，和大火博鬥七小時卅八分鐘才控制火勢，其中四十七人還因之受傷。這次災難中燒毀的三十多萬冊書大都是科技部門，其中美國西部的專利資料全部毀掉，所幸珍善本書在建物底層，未被波及。可嘆的是，已經關閉的圖書館在九月三日竟然又遭到縱火者潛入音樂資料室，燃燒紙張引起火災，這次雖然只燒了卅六分鐘就被撲滅，但已有二萬五千冊音樂圖書被毀，損失在一五〇萬美元到二百萬美元之間。幾個月後，雖然有一位廿八歲的嫌疑犯被捕，但最後卻以罪證不足釋放。

這兩宗圖書館之火，實在值得警惕。以蒐集、組織、整理、利用圖書資料爲職責的圖書館，應不吝惜地提供相當的經費在防火措施和設備上。

所謂防火設備，一般而言，應有靈敏度極高的防火探測器及自動警報系統，配以各種滅火裝置，一有火警，防火鐵門也會自動降下，重要區域如珍善本室和電腦室等，更應有自動氣體滅火裝置，以免水患危及書籍及精密儀器。圖書館平時還得定期請消防單位檢查安全設施，並請其提供各種改善建議。

雖然說各種科技媒體，如縮影資料、電腦磁帶、光碟等，已可以複製、儲存書本資料，部分資訊科學家也高唱著「無紙」（Paperless）時代的來臨，他們或許已不把書籍興亡看得嚴重，但紙香片片，攜帶、利用方便的傳統書籍，吾人確信仍將是資訊傳播的主力，對這種千年以來主導人類進步的精神食糧，我們仍須珍惜。

（原載中國時報77年7月10日開卷版）

作家的圖書館情結

寫《愛盧小品》的作家黃永武先生，在他的〈一百廿億的故事〉一文中說到他經常在中央圖書館讀善本書。這種善本書，每本都價值連城，如果每種只以一百萬元計，一天讀個五、六種，每年讀的書就值一百廿億了。

黃永武教授就是能夠充分利用圖書館，日日浸淫於經典古籍，與古人相對談心，以致能寫下雋永的《愛盧小品》罷？

在資訊爆炸的時代，出版品如洪水氾濫，一個人如何散盡財力，恐怕也永無法購盡想讀之書；何況居室有限，能藏有多少書？因此現代社會，已產生不了所謂的藏書家，要讀書看書，最好能利用圖書館，尤其是作家和文字工作者，最需要從圖書館獲得各種新的精神食糧或者找尋、查檢相關的寫作資料。

圖書館也影響了許多作家。李敖在他的《傳統下的獨白》一書中說到他中學大部分的時間都消耗在台中一中的圖書館裡，以致於閉起眼睛，單用鼻子就可以鑑定一本書是上海那個大書店印的。李敖以往是文壇風雲人物，但他知識、史料之豐富也是衆所週知的，相信他在中學的圖書館經驗也是奠定他寫作事業的基礎之一的。在四〇年代經濟匱乏的時期，要多讀書，也唯有多跑圖書館，李敖的初中同學——後來成爲詩人，現在也是兒童文學作家的趙天儀也說他培養課外閱讀的習慣，是經常向學校圖書館及省立台中圖書館、台中糖廠圖書館借書得來的。楚戈當少年兵時，兵營房邊就有圖書館，他假期中就拚命向圖書館借書，以致於退役後不僅能詩文，也能入故宮從事研究。英國作家葛林說過：「早期閱讀的影響是極爲深遠的，太多的未來都擺置在書架上。書籍帶給青少年的指引是超過任何宗教的教誨」；如此說，擁有最多書架的圖書館更是影響青少年之未來的殿堂所在，作家也不例外。

在圖書館事業發達，且重視圖書館利用的美國，圖書館對作家的引導和影響，更是顯著。一九九二年剛過世的著名科幻作家亞息莫夫（Issac Asimov）就曾說過：「我寫過兩百多本各類主題的書籍，這些書籍有的是我從學校教育中所獲得的知識反芻而來的，但大部分是經由其他方式——特別是從公共圖書館的藏書得來的。」可見作爲終身學習的場所——圖書館，給予作家的影響。一九九四年十二月號的《美國圖書館》（American Libraries）雜誌，特別訪問幾位當代的美國作家，談談圖書館對他們的影響，以及如何幫助他們爾後成爲「繆斯」之神（How Libraries Shape the Muse）；對現代進步的圖書館科技技術，他們又有何感想？圖書館對社會的價值又如何……等等；他們的觀點和說法，或許值得國內的作家和讀者參考。

小說家兼歷史學者雪爾比・富特（Shelby Foote）已經七十七歲了，他最近重返母校北卡羅納大學訪問，特別到大學圖書館重溫舊夢。他對《美國圖書館》雜誌編輯說：「北卡大學的威爾遜圖書館對我的寫作生涯極有影響——我還記得第一次進入圖書館時那種驚訝——我不曾知道世界上會有這麼多書！」我們可以想像來自密西西比鄉村小鎮的富特，進入大學圖書館，面對盈盈滿架圖書的驚喜。「我愛威爾遜圖書館，我在大學時花在圖書館的時間比在教室更多，……圖書館點燃了我的思維和想像……」，因此富特認爲：「一所大學只不過是一群圍著圖書館的建築物——圖書館就是大學！」他的說法正好就像是圖書館界人士一向所鼓吹的「圖書館是一所大學的心臟」一樣。現在，富特以寫南北戰爭小說聞名，他自己本人也擁有三、四百冊有關南北戰爭的書，但他還是需要經常拜訪目前居住的孟斐斯市之公共圖書館，有時也遠征到著名的紐約公共圖書館去找尋資料，他認爲紐約公共圖書館是他見過最好的公共圖書館。

對於新科技，富特承認自己是電腦文盲，他不使用文字處理機，甚至於也不用打字機，他一貫用沾水筆寫作。「我喜歡握筆的感覺，那使我覺得能掌握自己。」但是電腦文盲在這個社會畢竟有點麻煩，像孟斐斯公共圖書館已取消了傳統的卡片目錄改用電腦線上檢索，富特因之感到困擾，必須尋求圖書館的協助才行。

●

泰莉・麥米倫（Terry McMillan）是黑人女作家，二十五歲即出版了第一本小說，現在也是暢銷書作家之一。小時候由於父母親是勞工階層，不曾帶領她進入閱讀的世界，好在當地的圖書館提供她許多容易親近的書籍，她回憶著說：「圖書館開啓我一個全新的世界——青少年時期，我在家鄉的公共圖書館的書架上看到許多神奇又有趣的書，我不曾忘記那種被書圍繞的感覺，那種感覺眞好；那些書誘惑著我，也鼓勵著我從事創作生涯……。」麥米倫現在也研究非洲後裔的美國人，但她對部分這一代美國黑人的墮落感到憂心：「要使年輕的民衆脫離嗑藥、槍械，我們必須從書籍來教育民衆；我知道圖書館是可以扮演這個教育的角色的。」因此，她對最近美國因爲不景氣而導致圖書館關閉、縮減開放時間及裁減人員等現象深爲擔心，怕許多青少年又少了一些可以啓發他們知識成長的地方了。

●蘇格蘭裔的歷史小說家，也寫過科幻小說、西部小說、偵探小說的約翰·傑克斯（John Jakes）也認爲：「圖書館是我們社會的基石，更是國家生產和競爭之鑰，如果把圖書館的經費排在各種經費之最後，是目光短淺的做法！」傑克斯在青少年時，第一個工作就是在芝加哥公共圖書館當排架工讀生，因此圖書館經驗很早熟，也因緣讀了不少書，現在他仍然喜歡在圖書館從事研究，尤其是歷史小說更需要講究考證，必須經常上圖書館。

●黛安妮·阿克曼（Diane Ackerman）身兼詩人、自然史及旅行作家，也經常爲《紐約客》雜誌撰稿，更是圖書館的愛好者。她說她不曾見過她不喜歡的圖書館：「圖書館是我喜歡去的地方之一，在我旅行途中，我會花很多時間在各地圖書館，搜集寫作資料；我也喜歡在書架中漫遊，發現一些會讓我驚奇的事物。」大學時代曾經擔任過美國著名的《圖書館學刊》（Library Journal）之校對員，這份工作使她對圖書館員和圖書館工作有了更深一層的了解。做為一個詩人，阿克曼對圖書館的重要性以充滿熱情的話語說：「圖書館是每個民眾在每個年齡階層的眞實和想像世界的一部分！」阿克曼雖然已用文字處理機寫作，也習慣使用圖書館的線上電腦目錄查檢資料，但她也頗懷念圖書館以前那些破舊的卡片目錄：「翻檢卡片目錄，讓我有一手掌握知識的充實感！」

●

出身於紐約市的諷刺詩文作家沙第瑞斯特．克拉斯納（Satirist Paul Krassner）則說：「我認爲圖書館員和老師都是神聖的職業！」自然，他也經常利用圖書館：「我的諷刺文章要基於事實依據；要針對某人或某一事實寫作之前，我必須透過圖書館研究，儘可能對這個人或這件事充分了解。」克拉斯納也非常驚訝六〇年代以後圖書館各項技術的改變，但他相信這是件好事：「我知道像我這種時代的人害怕接觸新技術，但圖書館新技術的發展，的確可以使我們更容易接近資訊！」

●

兒童及青少年小說家茱蒂．布魯茉（Judy Blume）寫兒童小說已有廿五年，每個月都會收到百封以上兒童讀者的來信。她也憂心最近圖書館的關閉、刪減經費的現象對兒童、青少年讀者會有影響，她說：「在一九二九美國經濟大蕭條時代，民眾一無所有，但沒有一所圖書館關門，現在卻到處見到圖書館在關閉！我不認爲今天的政客們會感謝圖書館曾扮演的角色。」

●剛剛贏得全國猶太圖書獎的作家兼新聞工作人員蓋里·普羅佛斯特（Gary Provost）是位多才多藝的作者，有作家界的達斯汀霍夫曼（影星）的綽號，他也說圖書館是他的啓蒙師：「人們問我如何學習寫作，我總是回答說是圖書館。高中畢業以後，我沒有上過大學，多年來，我以搭便車的方式旅行全國各地，當我停留在某一城市，我就會去公共圖書館閱讀所有有關寫作技巧的書籍。」現在，普羅佛斯特是美國國內最受歡迎的寫作指導者，他告訴他的學生要充分利用圖書館，並說「人」才是圖書館最偉大的資源，而非書和雜誌，進入圖書館不僅看書，也要詢問圖書館員，他們會告訴你許多圖書館的資源和查檢資料的技巧。

●研究調查寫作作家傑拉德·鮑斯納（Gerald Posner）當然更要依賴圖書館資源，他說：「圖書館絕對是調查寫作入門之鑰，在開始一個主題調查之前，我必先從圖書館翻閱所有相關主題的書。」由於研究刺殺甘迺迪事件，他曾花了兩年時間在國會圖書館、紐約公共圖書館及約翰·甘迺迪紀念圖書館，使他對專門圖書館也有深刻的印象：「人們只知道我們國家的公共圖書館不錯，但其實我們也有許多專門圖書館——像甘迺迪圖書館，有令人驚異的資料和勝任其事的圖書館員。」

研究幽浮的作家佳洛姆・克拉克（Jerome Clark）必須細察各種科學期刊的報導，當然也常上圖書館，他對常去的明尼蘇達大學圖書館的館藏和服務也讚譽不已，因此雖然是資訊爆炸的時代，他也覺得不會漏失什麼重要資訊的。

●

女詩人及小說家桑德拉・希斯納洛絲（Sandra Cisneros）小時候上圖書館，因爲羨慕作家的名字都能出現在卡片櫃那些一張一張的卡片目錄裏，就發誓也要成爲一個作家，使她的名字也能列名在卡片櫃裏；……這就是圖書館對她的最初影響。她說：「我總是告訴別人，我之所以成爲一個作家，不是因爲我去上學，而是小時候母親帶我上圖書館的關係！」對於現在圖書館逐漸出現的許多資訊媒體，她認爲圖書應該還是最重要的一種形式，因爲只有書籍才能讓人帶到任何地方，你總不能帶著光碟片、縮影片在床前、甚至於廁所閱讀罷？對於圖書館員，她倒也有一點小小的期望，她認爲許多新進作家的書，總先是在小出版社出版，希望圖書館員選購新書不要只重視有名望的出版社，也要關注一下小出版社才好。

●

生於一八三七年的美國自然主義散文作家柏洛茲（John Burroughs）說過：「我走進書籍和大自然，就像蜜蜂飛進花朵，利用瓊漿玉液，製造蜂蜜」，因此，若說書籍是作家心靈的導引，那麼書籍彙集之地——圖書館當更是作家精神的聖殿。我們的李總統登輝先生最近在對文藝界人士講話，一直呼籲作家要走出戶外，這就如柏洛茲所說的走進「大自然」；另一個去處「書籍」，則最方便且最省錢的當然是圖書館了。由上述十位美國作家的談論圖書館之言，相信對國內作家有所啓思，也期盼政府單位提升我們各級圖書館事業的水準，讓圖書館更能完善地服務民衆，產生更多、更好的作家。

（原載聯合報84年3月23日　讀書人版，北美世界日報84年4月25—26日轉載）

話說圖書館員

三十幾年前，如果到圖書館去，看到的館員經常是手裏邊打著毛線，邊用眼角瞪著你的老太太，要不就是一邊看著報紙，對要借書或詢問的你愛理不理的老先生。

那時候圖書館事業不發達，館舍陳舊，圖書也少，加上工作人員大多是等待退休的老職員，整個圖書館的氣氛，就是令人覺得暮氣沈沈的。

而二、三十年後的今天，大專院校成立了不少圖書館科系，甚至碩士班、博士班都已開始設立了。每年都有成百的年輕圖書館學系學生畢業，投入圖書館工作的行列；政府也逐漸重視文化建設，新穎的圖書館和文化中心，漸漸在各地蓋了起來。

在這種情況下，我們的圖書館事業算是已有很大的進步了。但是圖書館員的形象、圖書館員的專業地位，是否有所改善了呢？我想，還沒有。

四、五年前，曾在報紙上看到一份有關小學生對其家長職業認同的調查研究。在五十幾種職業工作中，小學生認爲最崇高的依次是：大學校長、教授、醫師……等等。圖書館員大概是排名第四十六名，聲望、形象的低落，實在令圖書館員汗顏。

圖書館員的專業地位，也似乎尚未有所改善，除了少數單位外，仍一直受囿於公務員任用資格；在中小學，呼籲多時的「圖書教師」、「教師兼圖書館員」之專職地位一直未能確立，在公立大專圖書館更糟，以前還可以助教名義敦聘圖書館系畢業學生，後來變成只能以職員任用，現在則非公務員考試及格不行，造成學校用人困難。

因此，圖書館系畢業者，並不表示專業地位獲得認定，仍得拼個公務員考試，才能進圖書館工作，而其升遷，又不如一般公務人員寬廣，最多嘛，僅是一館之長，又能升到那裏去。

圖書館員的薪水不高，在圖書館事業發達的美國似乎也一樣。根據美國圖書館協會每兩年出版一次的「圖書館員薪水調查」中顯示，在一九八八年圖書館館長平均年薪四萬美元左右，副館長、助理館長則在三萬五千美元左右，專業人員中的參考館員爲二萬五千八百三十美元，編目或分類員爲二萬五千二百八十四美元，兒童或青少年服務館員則僅二萬二千五百餘美元，比起其他行業算是低了。

在國內，公務員待遇比起民間企業偏低，已是衆所周知了，圖書館員比起一般公務員，一來出差機會少，二來也談不上什麼額外福利，因此圖書館員說好聽是身上的書香可蓋過銅臭，說實際一點則是一輩子沒有發財的機會。

圖書館在社會上也是一個較受人誤解的角色，許多親朋好友聽說你在圖書館工作，都會說：「圖書館在做什麼呀，只是排排書，管理讀者秩序吧？」有的人則說：「你在圖書館工作呀？那很好，可以整天看書嘛！」好像我們都是無事可做的一群。

圖書館事業也是社會中較落寞的一行，圖書館員因此也不甚受重視。醫師、律師、教師、軍人、警察……等等皆是電影、小說中的人物，連電視節目也有「波城杏話」、「洛城法網」……等以醫師、律師為主題的系列影集。

圖書館員也較少在電影、小說中出現，印象中只有二十年前一部雷恩歐尼爾和艾利麥格勞主演的「愛的故事」，片中艾利麥格勞任職於圖書館，可惜她大概是做圖書出納工作而已，又讓人以為圖書館員就只是辦辦借書手續罷了。

還有五、六年前的一部「魔鬼剋星」，片頭有一段是一群頑皮鬼在紐約公共圖書館的書庫搗蛋，把白髮斑斑的女館員嚇得尖聲大叫，這又讓觀衆以為圖書館員都是老太太了。

在歷史上，圖書館員也甚少有什麼顯赫的名聲，毛澤東是有名的一位。紐約公共圖書館曼哈頓分館的高級圖書館員惠特士曼編印了一本「圖書館員手冊」，裏面有一章「著名的圖書館員」，就有介紹毛澤東，說他在一九一八年曾在北京大學圖書館擔任期刊出納流通工作，待遇如同當時的苦力。對此，我們不提也罷。

圖書館員是如此受到社會的忽視和誤解，因此社會上也幾乎沒有對圖書館員有什麼獎賞制度。電影工作者有金馬獎，電視廣播從業人員有金鐘獎，出版業者有金鼎獎，文藝工作者有國家文藝獎、中興文藝獎等等。

社會團體中，唯一一次肯定圖書館人員的辛勞和貢獻的，大概是士林扶輪社在去年（七十八）舉辦的一次專業性職業資深績優人員的表揚。

士林扶輪社有感於幾種公共服務事業中，平時較少受到社會大衆的重視與關心，爲使他們這種有益於人類社會的珍貴職業，獲得肯定，因此特頒獎表揚這幾種職業的人員，包括啓聰、啓智學校的教師、守燈塔人員、玉山氣象測候站人員、醫院社會服務人員，還有，就是圖書館人員。這大概是我所知道的圖書館員受到表揚的一次，也是第一次被肯定是「默默耕耘，宛若螺絲釘」。

其實，圖書館員在職業和社會地位的落寞，即使在美國也一樣。最近「美國圖書館」（American Libraries）這份雜誌刊登了兩位兼修歷史的圖書館從業人員——史都威爾和安德生共寫的一篇文章，呼籲爲圖書館員建立名人堂。他們認爲「老兵不死，只是漸漸凋謝」而已，但是老去的圖書館員，卻完全消失不見了。

圖書館員一生從事社會服務的工作，也大都淡泊明志，默默地樂於從事他們所選擇的工作，但在社會上卻很少受到實際的獎勵，他們經常超支付出，而很少受到認同。因此史都威爾和安德生建議成立一個美國圖書館名人堂，來補償、獎勵這群人對社會的貢獻。

的確，現代的圖書館提供社會大衆一個追求知識及休閒的場所，而圖書館員就是默默營造這個能促使世界更加美好的地方，他們更協助讀者進入知識的堂奧，推使讀者經由閱讀，而自我提升或獲致成就……。

現代的圖書館學，雖然已是一種專業的學術和實務工作，但社會似乎還未給予這些人專業人員的尊重，因此，史都威爾和安德生認爲應爲有貢獻的圖書館員設立名人堂，讓他們能像國家音樂名人堂及各種職業運動名人堂……一樣，至少有一種榮耀之感，並使所有的圖書館員能有與過去的歷史銜接的使命感。

一個圖書館員名人堂，可以紀念他們之中權威、尊貴的人物，也可以帶來對整個圖書館歷史的認知，與促進圖書館事業的進步。

除了永久的展覽，也要編印一些紀念性書籍，分發到國內外，大約每五年可以增訂一次，增加新的資料。雖然圖書館界尚未建立選擇進入名人堂的準繩，但史都威爾與安德生兩人已試著草擬了一個對美國圖書館史有貢獻，値得永垂名堂的名單。這些人中，大都是圖書館界人士才會知曉的。

其中，國人比較熟悉的大概只有兩人，一是唐斯博士（Robert B. Downs），他是著名的圖書館行政和教育專家。他以通俗的筆法寫了不少有關介紹圖書館資源的圖書，如「改變歷史的書」、「改變美國的書」……等等，國內純文學出版社、中華日報出版社皆有中譯本。

另一個是威爾森（H. W. Wilson），他創辦的書目、索引公司，對圖書館事業有極大的影響。十幾年前，彭歌先生在中央副刊連載的「愛書的人」，就是他的傳記和事業。

另外，你如常上圖書館，可能也會知道，創立「杜威十進分類法」的杜威（Melvil Dewey），許多圖書館的西文書仍採用此法，他也創辦了第一個美國圖書館學校，並且成立美國圖書館協會。

國人不時興設立名人堂，圖書館員當然也不會有這樣的「奢侈」之心，但如何使圖書館員的形象和專業地位提升，倒是需要努力的。

圖書館，在今日的學校和社會，無論是研究、教育，甚至於休閒的功能上都扮演著重要的角色，——「國家圖書館是一國文化的表徵」、「一所偉大的大學圖書館，可以造就出一所偉大的大學」、「公共圖書館，是民衆無止盡的大學」、「中小學圖書館，是訓練學生閱讀、研究能力的起點」……等等名言都顯示今日圖書館的重要功能，而彰顯這些功能的，就是一群默默耕耘的圖書館員。

圖書館員無論從事圖書館的藏書發展工作（如圖書的徵集、採訪、館藏評估……等），或者是資料的組織工作（如圖書的分類、編目、文獻的分析建檔……等），以及公共服務方面的工作（如參考服務、圖書利用指導……等），都需要有專業的知識和能力。

在美國，圖書館科系是建立在研究所階段，欲進入圖書館學研究所，必須先具備其他學科的背景，這點倒是我國在圖書館員教育上值得借鑑的。全面提高圖書館員的專業水準，是提升今日圖書館員專業地位的第一步。

其次，在國內當前的圖書館環境下，或許從事公共服務工作較爲辛勞，上班時間也不太正常，讀者權利意識又已高漲而不易應付，圖書館員常喜歡選擇幕後的圖書採訪、分類、編目工作，也就是圖書館員的精英大多集中在技術服務部門，從事讀者服務的人較少。

因此爾後各圖書館，實有必要配置更多的專業圖書館員在公共服務方面，讓從事公共服務的圖書館員，在人手充足而不致太疲累的情況下（人手不足即影響到工作意願和服務品質），使讀者一有問題即能找到圖書館員爲其協助解決。這樣，讀者自然相信圖書館員是他們在利用圖書館時的良師益友，對圖書館員的印象自然會改觀。

另外，圖書館員自身也必須走出狹隘的專業領域象牙塔，多以通俗、生動的筆調，在一般性的刊物介紹圖書館的知識或圖書館這一行業，就好像高希均先生介紹經濟學的方式，及唐斯博士介紹圖書資源一樣，這樣，或許一般民衆能了解圖書館、圖書館員更多，這是圖書館員自身做好公共關係的一種方法，也是改變民衆對圖書館、圖書館員印象的一種聚沙成塔的工作。

而圖書館員事實上從事的，也是一種間接或直接的教育工作，因此主管當局有必要賦予他們教育專業的待遇。現在只有少部分圖書館能夠以大學教師的待遇來聘任專業圖書館員，希望這種方式能全面普及到所有圖書館員。

在去年的全國圖書館會議上，也有不少圖書館從業人員呼籲，應改稱他們爲「圖書館師」；或許一「員」、一「師」之稱，對圖書館人員的精神意義，會有很大的不同哩！

（原載自由青年七三一期　79年7月）

美國國家檔案館

美國的國會圖書館（Library of Congress）、史密遜學院（Smithsonian Institution）和國家檔案館（National Archives of the United States）常被稱爲美國國家的三個文物儲藏所（National Attic）。這其中國會圖書館擁有全世界最豐富的藏書；史密遜學院則成立許多蒐藏器物的博物館，如太空航空博物館、自然史博物館、美國史博物館……等等，其保存文物的功能都較能爲一般人所了解。

至若國家檔案館成立的目的和功能是什麼，則較少爲人所熟悉。本文旨在介紹美國國家檔案館成立之經過及其組織、蒐藏和服務事項，並藉以作爲我國成立類似集中全國重要檔案中心的參考。

所謂檔案，依據倪寶坤教授在「檔案管理學」一書中所下的定義是：「凡機關、團體、企業及個人於活動中所產生的文件、圖片、實物及一切文書資料等，不問其外型及特性，經過行政處理手續與立卷程序，保存於機關案卷室以供政務稽憑者，謂之案卷，案卷之效用完畢後，經鑑定有永久保存價值者，移歸檔案機構保管，供國民研究參考者曰檔案」，可見檔案並非一般人所認爲的僅是公文、文件而已。

而檔案除了作爲處理事務之引據外，政府機構所產生的檔案，更可作爲編纂史料或學術研究之參考（檔案通常被稱爲第一手資料，其重要性可想而知），此外，許多古老的檔案，於今日看來，也是珍貴的美術品或古董。

政府檔案既有行政、歷史、學術上的功用，故宜像國家圖書館一樣，也成立全國性的檔案館或檔案中心，以蒐集國家重要制度、政策、典令、規章……等等檔案，以供施政及學術研究之用，例如英國在一八三八年設立「公共檔案室」（Public Record Office），西諺常說它是「青年學者的牢獄」（語見三月二十五日聯合報副刊吳鳴的「長堤向晚」一文中，意指青年學子走進浩繁史料的檔案室埋首研究，再出來時已是白髮皤皤的老人了）；而立國僅二百多年的美國，也在一九三四年成立國家檔案館，以保存政府施政的重要檔案、公文及各種文件紀錄。

美國國家檔案館雖然在一九三四年才設立，但早在開國之始，已有不少人認知檔案文獻對歷史及學術研究的重要性，必須加以妥愼保藏，否則一旦任其流失、損毀，將是國家重大損失。第三任總統傑佛遜（Thomas Jefferson）也曾經警告說：「時間和諸種意外，每天都在毀蝕著我們將來可作爲歷史見證的公文書」。

一八二〇年，國會曾組織檔案調查委員會，展開對政府檔案管理的調查工作；一八七七年政府機構的一場火災，焚毀了許多重要檔案，海斯總統（Putherford B. Hayes）乃於一八七八年以咨文向國會建議設立國家檔案機構；一八八四年美國歷史學會設立時，也建議設立檔案中心以便利歷史研究。

雖然有上述之建議和呼籲，但設立檔案館的工作，卻只停留在試驗性或計畫而已，一直到第一次世界大戰之前，幾次政府建築的大火又毀掉一些重要檔案，才促使政府加速建立檔案中心的規劃，但卻又因戰爭的關係而延擱，到經濟蕭條的一九三〇年代，歷史學者和許多關心檔案保存、維護的人才看到他們的希望得以實現。

國家檔案館是由當時著名的建築師波普（John Russell Pope）負責設計，他不但要在外觀上配合首都華盛頓幾個精神象徵建築物——如白宮、國會大廈、財政部大樓、林肯紀念碑，使之相互協調；同時在內部設計上也要能顯現檔案館的功能——讓文獻案卷能安全而長久地保藏，同時也要能爲公衆所方便使用。

波普所設計的國家檔案館所呈現的是古典的外觀，配合哥林多式的圓柱（全部共有七十二根，每根柱子重九十五噸），整個建築沒有任何窗戶（全部以空氣調節），僅貫穿一扇一英呎厚，四十英呎高的古銅色大門。這個檔案館於一九三一年破土興建，一九三三年胡佛總統爲之舖設門前基石，一九三四年成立。

今天，檔案館呈現在美國人眼前的，不僅是巍峨典雅的建築，它外觀、外圍都刻有許多雕像和銘言，其中最有意義的是一塊刻在大理石牆上的銘言，引自莎士比亞「暴風雨」中的一句名言：「過去是今天的序幕」（What is past is prologue）——這句話正足以說明檔案館保存舊日檔案以冀收鑑古知今的功能。

國家檔案館的任務，正式地說，乃是爲全體美國聯邦政府服務，並且從許多聯邦政府各機構所蒐集和生產的數量龐大的重要紀錄文件中，鑑定、選擇其值得永久保留的部分，似便政府繼續使用；一方面也必須供應各學者、民衆從事學術研究或查檢參考之用。

目前它是屬於聯邦政府的總務管理處（General Services Administration），但它也不是孤立而獨一的單位，它還管轄著各總統圖書館（Presidential Libraries）並且和十五個聯邦紀錄中心形成一個檔案文件的資訊網（network）。

總統圖書館通常設立在該任總統的出生地，蒐集關於他一生及任內的各種書籍、文獻、手稿及重要文件，雖然它的基金大部分得自私人捐贈，但因爲它的蒐藏特殊，在一九五五年通過的總統圖書館法案，乃將此類總統圖書館歸之國家檔案館管轄。

另外，聯邦各級政府每年產生大約七百萬立方英呎的紀錄文件，大約只有百分之一——三值得保留，這些紀錄文件都暫時存放在十五個紀錄中心以待檔案專家再加以鑑定，決定那些是具有永久保留價值可以進入國家檔案館的；因此，這些紀錄中心可說是紀錄、文件的歷練場，好的可以「上天堂」成爲檔案永久保存，經不起考驗的最後不免會走上銷毀之路。十五個檔案中心除了有兩個是存放全國性資料之外，其他的都是地區性的資料，因此實際上也可說是各地的檔案分館，它們也藏有國家檔案館複製的一些重要資料。

國家檔案館目前擁有上百萬頁的原始資料文件，五百萬件圖片照片，八萬二千捲影片，七萬捲錄音紀錄，四百萬張地圖、空中照相……等等，比較有名的文件檔案包括林肯總統頒發的黑奴解放令；第二次世界大戰後德國、日本的投降文件；北極遠征隊的日記；拿破崙將路易斯安那州賣給美國的契約；以及國會聽證會、最高法庭辯論會、二次世界大戰時東京玫瑰的廣播宣傳、紐倫堡大審……等錄音紀錄。

許多舊日文件也相當精美，可當藝術品鑑賞，如我國清朝光緒皇帝派張蔭桓出使美國所呈遞的國書，無論是國書本身或裝置國書的捲軸都相當華麗精巧。

但是國家檔案館最重要的蒐藏乃是美國開國、立國的三大文獻——「獨立宣言」（Declaration of Independence）、「憲法」（Constitution）和「權利法案」（Bill of Right），這三件文獻都永久展示在國家檔案館的圓頂大廳中，以玻璃櫃密封置於大理石架上供人瞻視；兩旁牆上又各掛有一幅巨型壁畫，一是在大陸會議中哲佛遜將獨立宣言遞交給會議主席John Hancock，另一幅則是麥迪遜（James Madison）遞交憲法給憲法會議的主席喬治華盛頓——讓民衆親俯開國文獻之時，在油畫映襯之下，更加緬懷開國立國的艱辛和光榮。

國家檔案館保存檔案文獻，除了以空調及溫度濕度的控制和各種防腐、維護設備來延長檔案文獻的壽命外，還將資料複製成各種媒體，如縮影微捲、縮影微片……等等，以供一般性的流通借閱。除了涉及國家安全的機密資料外，國家檔案館的案件資料都可供借閱，許多學者、歷史學家、作家、學生都會來此尋找寫作或研究報告資料——如幾年前以寫「根」（Roots）聞名的黑人作家艾利斯・哈雷（Alex Haley）就在國家檔案館查尋他家族的人口普查紀錄，和早年載運他非洲祖先到美洲來的奴隸船載人名單，如此才奠下他這部轟動一時的著作之寫作基礎。

連同各地的總統圖書館和紀錄中心在內，每年約有四百五十名檔案專家在幫助近二十萬研究者找尋研究或寫作資料，跟圖書館一樣，檔案館也從事這種參考服務（Reference Service）。檔案館也印行各種檔案索引（包括指南、說明書、目錄等），並攝製有關外交、軍事、財政、經濟及社會等有關方面最重要資料成爲縮影膠片或縮影膠捲，並附以說明、簡介、評論，以更方便讀者接受、吸收。

檔案館現在也印行「聯邦紀錄」（Federal Register），紀錄每天聯邦政府公佈的文告、命令、法規等。它也協助各級政府機構管理案卷，克服資料擴增而散漫無章的難題。

跟我們自己家庭一樣，我們必須有一個專櫃來保存家中的重要證書、文件、或家庭中的歷史性照片……等等，這樣無論是需要用到時或是作爲賞玩或緬懷時才不致遍尋不著；同樣的，在一個「政府」領導下的「國家」這個大家族，也需要有一個檔案中心來蒐集、保存國家的檔案文獻——這些檔案文獻或是立國開國的表徵，或是自己民族過去活動的紀錄，但都是足以凝聚國民精神力量的；美國國家檔案館的功能和目的大約就是如此。

衡諸國內，我國舊日重要檔案並非沒有保存，唯分散在國史館、故宮博物院、中央研究院史語所和近史所，以及黨史會……等等機構，較爲散置且無法發揮資料之完整利用。近日檔案，則大都由各機關自行保存，在檔案管理、維護工作上又不受重視，缺乏統合作業之辦法，實爲缺憾之處。因之，美國國家檔案館之設立目的其及組織、服務或許可供我們作爲參考、借鏡。

（原載自由青年六八一期75年5月）

一元美金花在圖書館

近年來由於經濟不景氣，美國政府大力刪減預算，其中讓政治家施政不能收立竿見影之效的文化教育建設自然首先受到波及；而文教建設中處於最弱勢的圖書館更是受到空前的危機；各級圖書館被迫減少開館時間、凍結新書採購預算、解聘職員、關閉分館等令讀書人沮喪的措施。

美國圖書館協會對此狀況深以爲憂，亟謀對政府有關單位強烈呼籲應重視此項危機。一九九二年，「美國圖書館協會」（簡稱A.L.A.）曾經和美國「美國圖書館之友協會」發起「爲美國的圖書館而傾訴」的打電話活動，要讓民衆爭取「知」的權利，收集到的電話內容，將轉給政府部門，讓他們重視民衆之聲。

結果第一週就收到一萬通電話，一位七十五歲的老人就來電說：「我認爲對圖書館的任何刪減都會威脅到我智慧上的健康，如同公共福利措施的刪減會影響到我身體上的健康一樣！」

根據A.L.A.後來的統計，這項活動全年共有五十萬以上的民衆打電話來或直接向政府部門陳述圖書館的價值和重要性。許多州如華盛頓、愛達荷、伊利諾等的圖書館經費因而不受到刪減，而紐約州的圖書館預算甚至由五〇〇萬增加到八〇〇萬，在這之前，它已有七年未曾調整。

而本年度（一九九四－一九九五年）的A.L.A.會長顧雷也已與《圖書館雜誌》發起一項名叫「美國人不能再等，現在就起而擁護圖書館！」的活動。

這項活動將發動民衆寄發大量的明信片給有立法權的州議員及國會議員等，讓民衆之聲藉由洪水般的明信片傳到具有預算決策的民意代表那裡。

這是A.L.A.及圖書館人士認爲根據聯邦教育部的預算，分配給全國圖書館的只有一億四千六百三十萬美元，等於一個美國人全年所繳的聯邦稅款中，只有五角七分是用於圖書館服務方面的（相當於一支原子筆或一杯咖啡的錢而已），這對過去是全世界圖書館事業最發達的美國而言，實在令人汗顏。

尤其是柯林頓政府最近正舖設「資訊高速公路」的建設，但對基礎的圖書館，卻仍然在減少經費、裁減人員等，實在令一向爲民衆服務的圖書館員士氣低落，也影響到民衆求知的權利。

A.L.A.乃要圖書館從業人員不應再沈默，應奮起帶領民衆向民意代表等表達圖書館在資訊時代地位之重要性。

A.L.A.呼籲政府及立法當局應通過讓圖書館預算成長到每人有一元之額度（亦即增加40％左右）因此設計了一張以一元美金鈔票爲圖面的明信片，上書「請爲圖書館通過一元美金」之字樣，正面通訊欄左上方則印有一欄文字：「美國人不能再等待，——我們現在非常需要好的公共、學校、大學圖書館。我的聯邦稅只有五十七分是用在圖書館服務；請投資一塊錢在圖書館上。在資訊時代，圖書館能幫助美國人取得他們生活、學習和工作所需的資料——我相信你一定會爲圖書館通過一元的預算，因爲——……」，下方則有簽署人簽名欄及通訊地址等。

這個明信片將尋求數萬、數十萬人以上的簽署，然後將於一九九五年起開始像洪水般寄向各級民意代表，尤其是三月十六日「資訊自由日」及四月九日至十五日的「全國圖書館週」將會是最高潮。

A.L.A.也呼籲各地圖書館員、民衆等「大家告訴大家」，多支持、參與各項有關活動，並且也希望民衆在報刊、雜誌、收音機、電視機等協助倡議此項活動。

A.L.A.甚至也舉辦許多研習會教導民衆如何演講及推展活動等等。明信片的複本寄給A.L.A.的公共服務部，協會也會將民衆的心聲反應在各種媒體上。著名的微軟公司也贊助此項活動，聲明如果圖書館能寄回二十五張以上的明信片，將贈送一張百科全書光碟片。

美國小說家達特羅（E. L. Doctorow）曾說過：「一個自由社會所能給與人的三種最重要的文件是出生證明、護照和圖書館借閱證（Library Card）」——大多數美國人都同意達特羅的說法，也一向重視圖書館的利用；因此對政府刪減圖書館預算的做法以及A.L.A.擁護圖書館的呼籲，相信也會像兩年前的打電話活動一樣，引起廣大迴響的。

值得我們參考的是，美國圖書館界能爲自己和所有民衆讀書及求知的權利鍥而不捨的努力奮鬥，他們的活動則是平和、理性又有方法的，而不是像我們國內許多團體爲爭取福利或表達意見動輒以街頭遊行、靜坐抗議甚至到立法院及行政部門丟雞蛋……等方式爲之，或許這畢竟是圖書館界人士經常與書爲伍，多少也沾染了一點讀書人的儒雅品味罷！

（原載中央日報84年2月15日讀書版）

美國的總統圖書館

美國新舊任總統將於今年（一九九三年）一月交接，卸任總統布希離開白宮後，除了返回故鄉，如他和芭芭拉所說的要享受田園之樂外，未來大概還有一件事要他費心的，就是與親朋好友積極籌募一筆基金來設立一座布希圖書館了。

因爲前一任雷根總統的紀念圖書館已經在一九九二年初在加州西米谷（Simi Valley）落成並對外開放了。雷根圖書館共有十五萬三千平方英呎，耗資六千萬美元，藏有五千萬餘頁雷根總統的公務及私人文件，並有一百五十六萬張照片，八萬七千七百五十英呎的有關影片……等等。這所圖書館如同其他八所總統圖書館，將由國家檔案館管轄，每年約需經費一百五十萬元維持。

美國之有總統圖書館，是起源於第32任的富蘭克林．羅斯福。在他之前，總統通常把他任內的一些文件視爲私人財產，任由他自己支配，而其繼承人不是將這些文件賣給聯邦政府以外的機構，就是毀棄、遺失了。羅斯福總統有鑒於此，乃建議並經國會批准，有設立總統圖書館的計畫。羅斯福的朋友們熱情地成立一個非盈利性組織來籌募款項，在他還在任期之內，就在他的故鄉紐約州的海德帕克蓋了一座羅斯福紀念圖書館，並於一九四〇年七月四日開放。這個圖書館在他任內及去世後，有關文獻陸續入藏，其中有圖書一萬五千餘冊，還有歷史文稿、郵票、藝術品，其他紀念品……等。羅斯福生前也鼓勵他的親朋及政治伙伴把與他有關的文件、信件等捐出來，成爲圖書館的蒐藏。

由於羅斯福總統圖書館的建立，證明這不僅是保存總統文獻也是保存美國歷史檔案的一種好方法，因此國會在一九五五年通過了總統圖書館法案，將私人捐款籌設的總統圖書館，納入國家檔案館的管轄，以便能用公款來維持其運作。美國著名圖書館學家約翰森（Elmer D. Johnson）在「西洋圖書館史」一書中，便將總統圖書館認爲是一種新型的政府圖書館，而它通常設立在前任總統的故鄉或生死有關之地，蒐藏內容則包括他一生及任內各種書籍、文獻、手稿及重要檔案、紀念品等。

羅斯福之後，歷任總統在卸任之後，總會由親朋好友或家鄉的地方政府等募款籌設紀念圖書館，除了前述的雷根圖書館外，還有㈠在密蘇里州獨立城落成的杜魯門圖書館，該地是杜魯門故居，他也埋葬在紀念館建築的庭院裏。㈡詹森總統的紀念圖書館則在奧斯汀德州大學校區內落成，這個圖書館也是唯一沒有任何限制皆可自由參觀使用的圖書館。㈢艾森豪總統圖書館則位於他的家鄉堪薩斯州阿比林市的艾森豪中心內。㈣胡佛總統圖書館則遲至一九七二年才在家鄉愛荷華州的西布蘭區成立。㈤甘迺迪總統圖書館也到一九七九年才成立，它是位於波斯頓麻州大學附近，一座由著名華裔建築家貝聿銘所設計的建築內。㈥福特總統圖書館則在安阿堡密西根大學區內成立。㈦卡特總統圖書館則在亞特蘭大市開放。

總統圖書館除了少部分涉及個人隱私權及國家安全之文件外，所有研究文獻、檔案皆可提供利用參考。因此每年都有許多歷史學家、政治學家、新聞記者、專業作家等申請使用圖書館的書籍和文獻。僅以羅斯福總統圖書館的文獻爲基礎，寫出的有關學術著作就有五百多種；而作家和劇作家們也常從圖書館蒐集大量背景材料，拍出許多電視、電影；而過去數十年來，也有二千五百萬人以上參觀過總統圖書館，對於促進民衆對美國總統的行政運作和政治制度的了解皆有很大的影響，以上都是總統圖書館保存文獻之外的其他功能。

去年我們的海外國建會亦有學人建議我國也應該設立總統圖書館，後來雖因國情不同，在教育部圖書館事業委員會遭到擱置。唯如何保存總統文獻，並如何對外提供學術研究，則是我們的國史館（或是應該設立的國家檔案館）可以審思考慮的。

（原載中央日報82年1月6日讀書版）

亞洲移民利用圖書館受重視

亞洲移民在美國日益增多，亞裔人口在美國自然形成一股新興力量。故美國對亞洲移民亦不得不加以重視，由馬歇爾・卡維迪許出版社（Marshall Cavendish Corporation）最近出版一套六大冊的《亞裔美國人百科全書》（Asian American Encyclopedia—訂價四百四十九・九五美元）可以反映出這種重視。

而美國的圖書館近年來也不得不提高對亞洲人的服務，像各大學東亞圖書館或是亞洲人聚居較多的地區公共圖書館，都大量購置亞洲語文圖書——特別是中、日、韓文的書籍，以供當地亞洲民衆閱讀。

只是以往美國圖書館雖然可請到精通中、日、韓文的編目人員，但卻沒有能處理這三種語文的打字機或電腦及其他設施，因此即使買了許多中日韓文圖書，也無法編目，印製目錄卡片。

爲此圖書館只好將這些東方語文圖書的書名、作者，出版社等款目，全部轉成羅馬拼音，製成卡片目錄，供中、日、韓三國移民讀者查檢。而這些拼音式的目錄，不僅圖書館員拼得呲牙裂嘴地，即使亞洲人翻閱卡片，也看得瞠目瞪眼，相當困擾。

但最近洛杉磯公共圖書館的編目部門已開始使用OCLC（Online Computer Library Center, Inc.）線上電腦圖書館中心發展出來的「中日韓文編目系統」（OCLC CJK System）。能夠提供顯示中、日、韓文的卡片目錄給讀者使用了，這將使亞洲移民讀者方便許多，不用面對一大堆拼音文字了。

這套用電腦編目的系統在洛杉磯公共圖書館七個亞洲人聚居較多的分館使用——包括皮柯韓國城、惠雪爾、瓜那達山莊、華盛頓艾文、諾斯瑞奇以及中國城、小東京等七處分館。

OCLC位於俄亥俄州，是美國最大的書目資料庫公司，許多圖書館都加入這個資料庫成為會員圖書館，以分享合作編目或查檢資料。

OCLC為協助各圖書館處理中、日、韓文資料，乃在近年開發了CJK（Chinese, Japanese, Korean）系統，目前許多著名圖書館像國會圖書館、哈佛燕京圖書館、加州大學柏克萊分校圖書館、芝加哥公共圖書館、舊金山公共圖書館以及洛杉磯公共圖書館等都已使用這個系統，都是為了應付日益增多的這三種語文圖書和亞洲移民讀者。

這套CJK系統在OCLC是由其亞洲太平洋區服務部負責開發的。這個部門的主管王行仁先生是來自臺灣，畢業於政大新聞系，到美國後分別拿到圖書館和企管碩士，一九七六年進入OCLC公司，一九八六年升任亞太地區服務部主管，負責OCLC對亞太地區全部會員圖書館的服務業務，並成立CJK系統小組，以協助世界各國處理中、日、韓文資料。

（原載中央日報84年4月26日讀書版，僑委會「宏觀」雜誌2卷5期轉載）

史上最大的圖書遷移

現在的大英圖書館是一九七二年根據「大英圖書館法案」，以原來的大英博物院圖書館爲主體，結合了國立科學參考圖書館、國立中央圖書館、國立科技流通圖書館、英國國家書目局及版權收訖室……等單位而組成的。這樣，國家圖書館所必須擔負的各項功能是達到統合了，但是各單位各館舍卻仍然沒有集中，以目前大英圖書館十三個單位二十二個館舍而言，即分散在九個不同地區，尤其是「文獻供應中心」這部門更跑到西約克夏郡去了。因此你如果到倫敦去問路人如何到大英圖書館去，一般人一定大搖其頭，因爲他們也搞不清大英圖書館眞正在那兒；這是各國國家圖書館中最奇特的一個現象了。

館舍的分離不僅造成管理上的困難，各部門及職員們也缺乏一體及歸屬的感覺；讀者也相當麻煩，想同時看不同學科或不同類型的資料，可能需要跑兩、三個地方。而另一方面，大英圖書館藏書已達一千五百萬冊左右，每年增加的圖書量，若擺置在書架上，估計會有七公里長；陳舊的各部門及各閱覽室已嫌太狹小太擁擠了。因此，大英圖書館自一九八一年開始即準備籌建新館，將大部分分散的館舍及藏書集中起來，但因政策的取捨及經費削減的關係，新館籌建一直延宕，直到最近幾年，建物工程才進入順境。最近，大英圖書館即將開始展開搬遷工作，而爲了配合館舍的分期完工，且以大英圖書館一千多萬的藏書（館藏如置之於地，可綿延二百多公里長），搬遷時間將到一九九六年才能完成，大英圖書館宣稱這將是歷史上最大的一次圖書遷移。

新的館舍位於倫敦中區的聖・潘克拉斯（St. Pancras），爲一地上八層及深入地下二十四公尺四層的宏偉建築，整個外型像一艘龐大的軍艦。館舍總面積約爲二十萬平方公尺（爲我們國內中央圖書館全部九層樓板面積的五、六倍大）；工程預算爲一億五千萬英鎊，唯爲了應付數年內可能的通貨膨脹，經費是編列了四億五千萬。新館舍開架閱覽區的書架，可長達十五公里，而閉架區的書庫，採用活動及密集式書架，可以容納三百公里長的書架。館舍自然是全部採用空調系統，書庫的圖書資料存藏區將維持在攝氏十七度及50％的濕度，這是最適合圖書保存的環境，而讀者閱讀區及辦公區則是攝氏20—22度，以及40％—60％的濕度。新館的作業也將儘量全盤自動化，讀者可用「線上公用目錄」查檢圖書；圖書的調閱及證件的發放，也都有一套自動化系統。

新館完成後，除了「全國有聲文獻組」及「報紙室」這兩個單位仍留原處外，其他各單位將陸續遷入。最近即將先行遷移的是人文科學館藏；而有名的「東方部」（藏有斯坦因盜自我國的敦煌卷子）及「印度資料紀錄室」則將在一九九六年最後遷入，各閱覽室經搬遷、整理後，將自一九九三年起開始分期對公衆開放。

大英圖書館新館完成後，將是英國最重要的公共文化建築之一，也將是倫敦市主要的地標之一，爲了迎接這明日世界的文化中心，有關當局還編列了一百萬英鎊的藝術作品及裝飾來配合新館的館舍哩！

（原載中央日報80年8月26日中央副刊）

大英圖書館第七千萬件借閱者誕生

英國的國家圖書館——大英圖書館有個部門叫「文獻供應中心」（Document Supply Center），是原來科技借閱圖書館併入大英圖書館後重組而成的一個組織。它雖然位於遠離倫敦大英圖書館總館兩百哩外的西約克夏郡的波士頓·斯巴（Boston Spa）的小鎮裏，卻是大英圖書館很重要的一個單位。因爲它是英國圖書館集中式的館際互借與影印中心，其主要任務就是提供英國國內各圖書館圖書的借閱或期刊論文的影印。也就是說，英國各地的讀者如果向當地的各公共、學術或專門圖書館借閱或影印某本圖書或期刊論文，當地圖書館若欠缺這份資料的話，都可向文獻供應中心申請借閱或影印。

由於文獻供應中心所藏圖書和期刊非常豐富，約百分之九十的申請都可獲得提供，因此每年都有二百多萬件的國內館際互借申請和影印服務。文獻供應中心也接受國外的影印申請，每年亦有七、八十萬件，其中以日本、法國、西班牙、美國等申請較多。我國一些學術圖書館如中央圖書館等也常代讀者向其申請外文期刊論文的影印；不過須向其購買「點券」Coupon以支付影印費用。（影印費用對我國而言，算是蠻貴的，每一個單位的Coupon，只能印十張，而一個Coupon約須一百八十元台幣，若要印十一張，則就需要兩個單位的Coupon，三百六十元，更讓人卻步，不過學術無價，還是有人要向其申請國內沒有的期刊學術論文。）

一九六二年開始提供此項服務的文獻供應中心，今年的申請案件已突破七千萬件的紀錄，第七千萬件的申請者是由列斯特郡議會圖書館代其讀者馬丁辛普生（Brian Martin-Simpson）向文獻供應中心提出申請的。馬丁辛普生住在列斯特郡的辛克利鎮，是一位講師，也是一位運動迷，特別對黑人運動的社會史有興趣，他這次提出申請互借的即是一本名叫《邁向崎嶇的光榮之路——美國黑人運動員史》，沒想到幸運地成爲文獻供應中心第七千萬件的申請者。文獻供應中心爲慶祝這項圖書館服務達到歷史紀錄的新里程碑，特別提供一件大英圖書館珍藏手稿的複製本給馬丁辛普生——這是一件難得的禮物和紀念品。而想想看，文獻供應中心七千萬件的資料服務，不知造福了多少讀書人！

（原載聯合報83年7月21日讀書人版）

八十年來的讀者服務概述

前言

我國舊日的圖書館事業，無論是書院、私人藏書室或宮廷圖書館，雖有悠久的歷史，但其職能都僅在蒐集、整理、保存文獻，只供少數讀書人或宮廷官員使用，很少供大衆閱覽或流通利用，因此舊日圖書館即有所謂「藏書樓」之稱謂。及至清末，對公衆開放之圖書館觀念及建設始初露端倪——光緒30年，湖南省圖書館在長沙成立，是我國第一所官辦圖書館，亦是我國近代圖書館事業的發端①。宣統2年，美籍女士韋棣華在武昌創立文華公書林，將文華大學的中西文圖書採用開架式，凡武漢三鎭各機關，各界人士皆可利用，自由閱覽，更帶動我國圖書館開展以讀者服務爲主的觀念和作法，對民國肇建後的圖書館事業有很大的啓發作用。

民國成立後，爲普及教育，除加強學校教育外，還特別重視社會教育；因此教育部成立社會教育司，掌管有關圖書館、教育館等社教措施；各種圖書館、通俗圖書館、巡迴文庫等亦紛紛成立，我國圖書館遂由舊日爲少數人之專利而趨於爲大衆所共有。由於圖書館普遍對民衆開放，圖書館之業務乃有所謂讀者服務之項目。

所謂「讀者服務」，依據大陸圖書館學者張樹華所下的定義是：「以讀者爲對象，以館藏書刊資料爲手段，以藏書使用爲中心，通過外借、閱覽、複印、宣傳、閱讀輔導以及參考諮詢等方式而展開的服務工作」②。因此，讀者服務的工作，事實上已不僅是對民衆開放、借閱而已，它又延伸到各種有關推廣、參考諮詢、館際合作等；因此，無論就內涵和外延，圖書館對讀者的實際協助，都已有更大的開展。

我國圖書館事業自民國成立以來，各類型圖書館均以促進圖書充分爲讀者利用爲目的，然因圖書館事業剛萌芽長成，讀者服務工作在人力、經費大多不足的情況下，亦有篳路藍縷，以啓山林之艱，尤其是建國以來，歷經多次內亂及抗戰、剿匪等戰役，各類型圖書館皆在兵燹不斷中受到很大的影響，不是毀於戰火，就是四處播遷，因此讀者服務可說是常處於雖有心而無力的時期，及至政府遷臺後，圖書館事業才逐漸正常發展。最近數年，政府更重視圖書館建設，讀者服務工作乃能逐漸開展。無論閱覽工作、參考服務、推廣業務等，均有大幅進步。現僅以政府遷臺爲分水嶺，略述民國肇建以來，我國圖書館讀者服務之概況。

壹、政府遷臺前的圖書館讀者服務

民國4年，教育部同時頒布了兩個圖書館條例，即「通俗圖書館規程」和「圖書館規程」各11條。在

「通俗圖書館規程」中規定：「各省治、縣治應設通俗圖書館，儲集各種通俗圖書，供公衆閱覽」；又「圖書館規程」中規定：「各省、各特別區應設圖書館，儲集各種圖書，供公衆閱覽」，可見設立圖書館之目標，已規定旨在公衆之閱覽。然而在圖書館組織方面，並未確立有關讀者服務之專責單位，及至民國28年教育部公布之「修正圖書館規程」（33條）中的第8、9條始有內部組織及業務之區分，其中省市立圖書館設立「閱覽部」，掌閱覽、參考、互借等業務及「研究輔導部」所掌理之輔導業務，是與讀者服務較有關係的。縣市圖書館之「閱覽組」亦主管閱覽、參考、互借等項目，而「推廣組」所掌之演講、播音、識字、展覽、讀書指導、補習學校之普及等，就當時之環境而言，似更與民衆息息相關。第10條並規定「圖書館爲便利閱覽起見，應設分館、巡迴文庫、圖書站及代辦處，並得協助學校辦理圖書、閱覽事宜」；可見當時亦已開始重視讀者之推廣服務工作。同時爲配合圖書館規程第8、9兩條之規定，教育部另於28年7月24日公布「圖書館工作大綱」，對省市圖書館之閱覽部及輔導部和縣市圖書館之閱覽組、推廣組之工作要項亦有指示。民33年3月10日，教育部再公布同樣性質之「圖書館工作實施辦法」，亦有相同之有關讀者服務之工作項目，至於民國36年教育部公布之圖書館規程，有關讀者服務之組織及業務，大致亦如民國28年之規程③。

然而此時期因國家動亂不已，經濟凋蔽，圖書館頗多經費不足，人力不夠等事情。因此在圖書館服務方面，曾有收費閱覽，或收取保證金等爲今日圖書館視爲落伍之制度；而大陸時期圖書館之設立，因所轄區域廣闊，交通亦不甚方便，遂有不得不多設立諸多巡迴文庫之措施，此又爲積極之讀者服務措施。以下分列數項，舉例說明政府遷臺前一般圖書館之讀者服務事項：

一、閱覽服務

民國成立後之圖書館已普遍對公衆開放，唯部分圖書館進館或借閱圖書，尙須繳納費用。民國4年所公布的「通俗圖書館規程」第7條雖說不徵收閱覽費，但同年公布之「圖書館規程」第9條則云圖書館得酌收閱覽費。京師圖書館在民國元年所訂暫定閱覽章程第5條亦有「凡欲觀覽本館圖書者，除持贈送優待券者，入館門時，須購入覽券」，其券分甲（特別入覽）券、乙（普通入覽）券兩種，前者每券銅幣四枚，可取閱圖書50冊，後者每券銅幣二枚，取閱圖書10冊。④民國6年之「京師圖書館購券規則」（共9條），更分成6種閱覽券，費用各不同⑤，相當麻煩，對讀者似有不便。直到民國18年，此種售券的制度才取消，任何人都可免費進入閱覽⑥。

山東省立圖書館在民國18年以前，來館者每人收門票費銅元四枚，以星期二至星期五爲男子遊覽日期，星期六爲女子遊覽日期，此則不僅入館收費，還有性別之歧視。民國19年才報教育廳廢除此種制度。

民國19年成立之天津市立圖書館，雖然入館閱覽者仍須領取閱覽券（分甲乙兩種，甲種爲閱書券，乙種爲閱報券），但閱覽券則已一律免費發放。北平市立第一普通圖書館閱覽券也概不收費，但閱覽人也要持券入閱覽室換取借書券。北平北海松坡圖書館亦規定「來館閱覽者，須先在領簽處領取簽支，經至閱覽室，交由司書處換取閱書券……」可見當時圖書館閱覽圖書服務，手續有點麻煩。

有些圖書館雖然入館不需閱覽費，但借閱圖書卻採保證金或押金制度，如：河北省立天津圖書館借書章程第5、7條中規定：「借書證上列借書者姓名、職業……及借書若干冊圖幅，若干卷應交保證金若干元，若無保證金而有保證人者，均應逐一證明……」，「所借圖書交還時，由本館檢查，如有污損殘缺遺失等事，即將保證金全數扣留，以資補購……如不付時，由保證人負責賠償」。遼寧省立圖書館民國18年之圖書借出規約中也規定借閱圖書分兩種，甲種爲特許借閱——機關團體出具公函或個人檢具機關、學校之保證函者，以及對該館具有特別貢獻者（如捐書），得享特許借閱權，不需保證金；乙種則爲證金借閱，個人不能覓得正式機關或學校之保證公函，而能交納證金者，亦得借閱。

江蘇省立蘇州圖書館則對有保證人擔保者，發給甲種借書證；如繳納保證金二元者，則領取乙種借書證，且以六個月爲期，過期則須換證。

江西省立九江圖書館借出圖書亦採押金方式，除非有機關、商店之介紹保證才能免除；民國29年，該館所收押金總額達2,575元；民國30年更遠達7,281元。

湖北省立圖書館借書規則對無覓妥商店保之讀者，則按所借圖書之價格加倍收取保證金，還書時再如數退還。湖南省立中山圖書館收取保證金，則照原書價格，如係叢書或套書之單本，而出版社可分開購買者，則保證金亦僅按單本收取⑦。

至於圖書館開放時間，或係受人力、經費不足之影響，一般而言，普遍不如現在臺灣之公共圖書館及大專院校圖書館；且因氣候之影響，也有因月份不同而調整時間的（目前臺灣部分圖書館之自修室或閱覽室在夏季期間提早開放，則係因考季學生要求的關係）。

如北平市立第一普通圖書館開館時間是每年11月至2月——上午9時至下午5時；3月至10月——上午8時至下午6時，星期日照常開放，其他例假日下午閉館。

初設時期的京師圖書館（民國元年——14年）開館時間是每日7小時（隨季節調節，由早上10（9）時至下午5（6）時；每週一、四、節日、國慶日、歲首歲末、12月29日至元月3日等則放假。比較特殊的是每年約在9月有15天的曝書日亦休館，此爲目前國內圖書館所罕見情事⑧。

天津市立圖書館閱覽時間，一般每天8小時，最少7小時，起止時間因季節氣候的變化而變更，休假日則爲星期二，其他假期須閉館時則臨時公布。

浙江省立圖書館總館開放時間爲上午8時至12時，下午1時至6時，（中午圖書館勢必要清場一下）；其新民分館開放時間則爲下午1時至9時。

湖南省立中山圖書館開放時間是：5月1日到9月底止，每日午前8時至12時，午後1時至5時，冬季10月1日起至次年3月底爲上午9時至12時，下午1時至5時，休館時間除星期一外，一年中更有曝書期（三伏天前後，以20日爲限），清架期間（寒假中，以15日爲限）等較長的休館期間。

二、推廣服務

政府遷臺前一般公衆圖書館在圖書借閱手續及開放時間方面或許尙爲保守消極，然而在圖書推廣方面，如巡迴文庫之設立、圖書流通代辦處的創辦、通信借書的實施及教導民衆的各種研習班、補習班則相當普遍，此因各圖書館服務區域皆幅員廣大，不得不有各種推廣服務之辦法，如：北平市立第一普通圖書館因館舍地處偏僻，房屋狹小，乃在全市各處辦巡迴書庫，增設委託閱書報處19所；爲便利讀者，該館還委託市內各社教機關代爲讀者借閱圖書。

江蘇省立教育學院圖書館在民國十九年亦辦理所謂「圖書館擴充事業」，其宗旨在使學校圖書館與公共圖書館打成一片，並使學校教育與民衆教育切實合作，其做法是由學院圖書館分在省內各區設立民衆圖書館、巡迴文庫、民衆閱報處等，並辦理時事報告、代筆問字等活動⑨。

成立於民國19年的天津市立第一通俗圖書館則設有巡迴部，辦理普通巡迴文庫、學校巡迴文庫、家庭巡迴文庫等業務。遼寧省立圖書館設有講演部，負責館內講演、巡迴講演及其它宣傳等事項。

上海東方圖書館民國17年曾創辦「圖書館講習所」，許多大中學生和機關人員前來聽講，人數多達一百四十多人；民國19年又開辦了四角號碼查檢法講習班，學習五個星期，聽講人達四百多人。民國22年成立的江蘇省立鎮江圖書館也開辦補習班，以基本學科爲主，分國文、算學、日語等組，在晚上和星期日上課，不收學費；同時也籌劃兒童流通文庫、以學校爲駐留地點，送書閱覽。

在學校設立巡迴文庫的還有江蘇省立國學圖書館，共設立16處。

安徽省立圖書館推廣業務則歸之閱覽課下之巡迴文庫、學校流通處、臨時流通處等；指導課下則設講演、讀書及研究股等單位。

福建省立圖書館在民國18年亦在較熱鬧的市區設立巡迴圖書庫，民衆可至那兒登記借書，按約定時間由館送至該文庫。

江西省立南昌圖書館民國25年亦在交通便利的重要鄉鎮設立圖書流通處十處，並另有特別圖書流通處（供給特殊場所以大量的某種專門圖書，如中央軍校駐地開設特別訓練班所需特別圖書）及臨時圖書流通處（爲適應集會、訓練等臨時處所的需要而設）；其他開辦的業務還有民衆書報閱覽處、巡迴閱覽處、巡迴文庫、民衆讀書會……等。

湖北省立圖書館如果借閱者離館較遠，可以通訊借書；該館還負責爲離館較近的讀者送書。

民國35年之臺灣省長官公署圖書館（後爲省立臺北圖書館、國立中央圖書館臺灣分館）亦訂有「學辦巡迴文庫暫行辦法」，分國小及中學兩組，分選適合圖書，定10月1日起，每校巡迴閱覽一星期⑩。

可見政府遷臺前之一般公共圖書館，對普及民衆教育之推廣服務工作，仍做得不少。

三、館際合作

政府遷臺前之圖書館，館際之間的合作業務尚未能推展，唯少數圖書館亦有館際互借之辦法。民國8年，京師圖書館與分館之間，除善本、四庫及珍貴不便攜取之書外，得應閱覽人之請求相互借閱，這是開創我國近代圖書館史上的先例⑪。

民國10年，教育部再核准中央公園的圖書閱覽所得以援照京師圖書館與分館互借圖書暫行規則與京師圖書館互借圖書。

民國20年，北平圖書館出版「北平各圖書館所藏西文書籍聯合目錄」，共4冊（第4冊爲期刊目錄），收北平29所圖書館所藏西文圖書8萬5千種，對北平各圖書館間的藏書認識，極有助益⑫。

四、參考服務

大陸時期之圖書館事業，參考服務之意義及業務之開展雖尚未完全深入普及至各圖書館，然由於曾經留學國外之圖書館學者之宣傳，亦逐漸爲許多圖書館所了解和推行。朱家治先生於民國11年發表「參考部之目的」一文，首先提倡參考服務⑬。李小緣則是政府遷臺前鼓吹參考服務最力的圖書館學者，其在「公共圖書館之組織」一文中，即認爲「除館長外，館中最重要之職務即爲參考部。參考部之主任往往即爲副館長。部之主任多精明積學之士爲之，惟須精於目錄，並洞悉學典、辭書、年鑑、類書、雜誌索引之內容及組織……，參考部主任不啻館中之有腳書櫥，間或有所不知而書中亦無法查出者，亦必想法詢問城中專門人才，俾得轉答，近來又有用電話答覆問題者，遠處以信通達，或逕以書籍寄與之⑭。」他在著名的「全國圖書館計劃書」中，無論國家，省市立、大學等各級圖書館，所規劃的組織圖中，參考部亦都駕凌各單位之上⑮。

然而或因當時環境之限制，只有少部分圖書館能專設部門及有充分之人力以司其事；大部分圖書館只能在其他閱覽或推廣部門下、以少數人員對讀者進行諮詢解答業務或升學指導、讀書指導等。

民國18年2月，北平北海圖書館設有「參考科」，爲「回答各界人士的諮問，特由二人專職負責此項業務。也應讀者需求而編製專題書目百餘種，分類陳列在館中，供讀者參考之用⑯」這是能以專人負責參考業務之先聲。18年8月，北平北海圖書館與原有之國立北平圖書館合併，國立北平圖書館組織擴大，在閱覽部之下設有參考組，專司參考業務；另編纂部下亦設立索引組，編製各種專題索引工具書。民國23年，國立北平圖書館在館內設立工程參考室（後於民國25年9月遷至南京地質調查所圖書館內，定名爲工程參考圖書館，爲北平圖書館附屬單位），藏有工程參考書、工程期刊、工程小冊子、工程公司出版品、工程照片等，爲專科參考室之創舉⑰。

民國19年成立的天津市立第一通俗圖書館，館下設總務部、圖書部、巡迴部及諮詢部；諮詢部又分爲民衆問字處、民衆問事處，顯見當時民教未開，諮詢部都帶有深厚教育民衆之功能⑱。

民國25年的上海市立圖書館則由「研究輔導部」主管參考書的選擇與整理、答覆諮詢、指導研究以及分館、流通站和巡迴書庫的設置與工作指導等事項，並無專門之參考部門。

民國22年成立之國立中央圖書館，開放之初，所設的閱覽室則分爲參考室、報章、期刊、普通書等幾部分，雖無參考部門之組織，但亦有專門之閱覽室。抗戰期間遷至重慶，其參考室還附設抗戰文庫。

江蘇省立國學圖書館民國30年的組織規程則顯示讀者查詢之業務屬於閱覽組之指導股，其下設有參考室。

江蘇省立鎭江圖書館也設置參考室（屬閱覽部），除一般字典、辭典、百科全書、萬有文庫、圖書集成、四部叢刊外，另設中心問題參考書，如抗日文庫、中小學課本、升學指導、美術圖書等，顯見這是廣義的參考室。另外，館內並組織學術研究指導委員會，聘請館外專家，對館方所辦理的讀書會、學術研究會進行指導外，還爲讀者做閱讀質疑解答⑲。

安徽省立圖書館於研究股下設參考課，並有諮詢處，諮詢範圍自閱書手續至問題研究，諮詢方法有口頭與書面兩種，如遇有學術上之疑難問題，則另請館外專家代爲解答；學術問題之有價値者，得徵請諮詢者之同意，在該館出版之「學風」或他種刊物發表之⑳。

民國30年成立的江西省立九江圖書館對參考工作亦頗爲重視，除設有專室陳列各種參考書籍，協助讀者尋找資料外，對於專家名人亦辦理登記及剪報工作，同時也著手編印報章索引及代研究者搜集專題材料㉑。此與現代圖書館參考服務工作範圍而言，已頗具成型。

對圖書館參考服務極有助益的各種書目索引，此時期亦編製頗多。除國立北平圖書館編有該館一般圖書、善本、方志及各種專題書目外，各省立圖書館亦率多編有各館藏書目錄，尤以民國22—24年出版的江蘇省立國學圖書館圖書總目44卷、補編12卷，篇幅最爲龐大，臺灣之廣文書局在民國59年曾予重印出版，足見其重要性。

成立於民國19年的哈佛燕京學社則自民國20年至39年間編印一系列古籍引得叢刊㉒，至今仍爲臺灣各圖書館參考工作所常用。北平中法漢學研究所在民國32年刊行的通檢叢刊，亦爲重要古籍索引。

此外，民國18年中華圖書館協會編的國學論文索引，25年編的文學論文索引；民國24年金陵大學農業圖書研究部編的農業論文索引及浙江省立圖書館編的叢書子目索引；清華大學圖書館民國25年出版的叢書子目書名索引……皆是當時重要的索引。

此時期的一些其他工具書，如中國人名辭典、中國地名辭典、中國古今地名大辭典、古今同姓名大辭典、歷代名人生卒年表……等亦爲政府遷臺後各出版社所重印發行。

至若介紹參考書的參考書（即工具書指南），則以下列較爲著名：

1.「工具書的類別及其解題」汪辟疆著　民國23年4月刊於「讀書顧問」創刊號。

2.「燕京大學圖書館目錄初稿：類書之部」鄧嗣禹編　民國24年　燕京大學出版。

3.「中文參考書舉要」鄧衍林編　民國25年　國立北平圖書館。

4.「中文參考書指南」何多源編　民國25年初版　民國28年　長沙商務印書館增訂出版。

5.「中國參考書目解題」（An Annotated Bibliography of Selected Chinese Reference Works）鄧嗣禹、Knight Biggerstaff合編，民國25年　北平哈佛燕京學社初版。[23]

敍述圖書館參考服務工作的專書，則以李鍾履的「圖書館參考論」（民國20年—22年圖書館學季刊5卷2期、6卷2期、3期、4期連載），最爲著名，該書將當時整個西方圖書館參考服務之理論平實介紹到國內，爲國內初次完整之專著，對國內圖書館參考服務之理念奠下了基礎。

貳、政府遷臺後的圖書館讀者服務

民國38年大陸淪陷，政府播遷臺灣，圖書館事業不免爲之受挫；然隨著局勢之安定，圖書館終能在我國之一隅逐漸穩定發展。王振鵠教授在「第二次中華民國圖書館年鑑」第一章「圖書館事業概述」中，將遷臺後的圖書館發展分爲三個階段：第一階段爲民國38年至40年的百廢待興的草創時期；第二階段爲民國41年至59年的開始起步之成長時期；第三階段則是自民國60年到69年的發展時期。——圖書館的讀者服務工作，事實上也隱然隨著各階段的發展而進展。而隨著民國70年以後，圖書館自動化的推行發展，以及國際百科、光碟資料庫等資料檢索方式之引進國內，讀者服務工作更進入另一個前所未有的境況，我們或許可說是第四階段的發展。

政府遷臺初期，因教育尚未普及，圖書館因之負有輔導民衆識字進修以及宣傳文化事宜。民國39年3月6日臺灣省教育廳公布「臺灣省（縣）（市）圖書館工作實施應行注意要點」第2條即規定各級圖書館以推展文化宣傳、輔導民衆進修、提倡學術研究爲中心工作。關於推展文化宣傳則應參酌辦理巡迴文庫或書刊流通處，定期舉行通俗演講……等。關於輔導民衆進修，則應參酌辦理舉辦讀書顧問，組織民衆讀書會，舉辦短期補習班……等。不過，多數公共圖書館推行讀者服務的組織，仍是依據民國40年教育部公布的「各省市公立圖書館規程」（此規程民國43年、58年分別修正過）及臺灣省政府於民國66年公布的「臺灣省各縣市立圖書館組織規程」，由閱覽組、推廣組擔任有關之讀者服務工作。至於各級學校的讀者服務事項，則分別規定於大學規程、專科學校規程、高級中學規程及各級學校圖書館標準等。

民國66年，政府籌設各縣市文化中心，許多縣市立圖書館併入文化中心，文化中心讀者服務工作乃變成由中心之圖書館（組）及推廣組辦理。

不過，遷臺後的讀者工作，在閱覽及推廣服務方面雖較大陸時期已有進步，但發展更大的大概是在館際合作和參考服務方面。館際合作方面已有正式的合作組織，使讀者尋得資料的空間更為擴大。各級圖書館也大多重視對讀者的參考諮詢服務，尤其是大專院校及公共圖書館及專門圖書館等均大都設有專室及專人擔任參考服務工作；尤其是電腦科技及國外資料庫的引進，使協助讀者查檢資料更為快捷、方便，提升了不少服務的水準。

總之，近年來圖書館已逐漸改變過去「重分編，輕閱覽」，「傾向技術服務，忽略讀者服務」的觀念，此可由民國79年起，中國圖書館學會已開始每年舉辦「讀者服務研習班」，除了一般的閱覽典藏、參考服務、推廣服務課程外，還開有「公共關係」、「導覽服務」、「圖書館服務規則」、「圖書館人力組織應用」、「圖書館行銷理論」、「讀者研究」等課程，甚至於還有親子活動、義工制度等專題講座，足見近年來讀者服務的範疇雖大致如以前一樣，但方法上或許更要適應現代及未來多元化的社會了。

以下亦僅就閱覽、推廣、館際合作、參考服務等方面分敘遷臺後之圖書館讀者服務概況。

一、閱覽服務

政府遷臺後各級圖書館已未聞進館閱覽須收費之規定，唯部分公共圖書館借閱圖書，仍須繳納保證金，例如民國51年臺北市立圖書館「圖書期刊出借辦法」中之乙項：「館外閱讀借書辦法」規定讀者欲將圖書借出館外，須照書價之定價交付押金，如借一部書之其中一冊，還須交全部書價之押金；還書時，才退還押金㉔。此種借書押保制度，直到民國71年8月20日，臺北市立圖書館才宣布取消㉕。另外，遷臺初期至民國70年間，圖書館因受圖書財產管理制度的關係，唯恐遺失圖書，故大部分圖書館採行閉架制度，因此即使在館內閱讀，仍須辦理借書手續，如前述臺北市圖書館的「圖書期刊出借辦法」即分「館內閱讀借書辦法」及「館外閱讀借書辦法」；後因圖書館便民觀念不斷進展，大部分圖書館均已逐漸採用開架式或部分開架式，如省立臺中圖書館、臺北市立圖書館、高雄市立圖書館、臺南市立圖書館等均已在民國72年前後實施開架制度。民國72年9月13日行政院公布「縣市文化中心工作要領」第8條規定「圖書館應就館藏分別提供開架閱覽，如兒童閱覽室、青少年閱覽室、成人閱覽室、期刊閱覽室、參考室、特藏室、視聽室等」；因此，各縣市文化中心圖書館在74年起亦全部採用開架制度㉖。即連以典藏文獻爲主要功能的國立中央圖書館於民國75年遷新館後，除原已開架之參考室及各專科閱覽室外，近五年出版的普通圖書亦已開架閱覽。至若大專院校圖書館採開架式則甚多更早於公共圖書館，民國44年，沈寶環先生由美返國接掌私立東海大學圖書館，即著手規劃將書庫開放閱覽，後逐漸影響其他各大學院系圖書館。

民國70年後，圖書館界亦甚多開始發展圖書流通自動化系統，以加速圖書借閱的速度及方便管理，如中山科學院圖書館（69年）、中油公司煉製研究中心（70年）、政治大學中正圖書館（71年）、中國圖書館用品中心（73年）、工研院機械所（73年）、中鋼公司（73年）、臺灣大學圖書館（74年）、逢甲大學圖書館（74年）、成功大學圖書館（74年）、交通大學圖書館（74年）、淡江大學圖書館（75年）、文化大學圖書館（75年）、清華大學圖書館（77年）、國防醫學院圖書館（77年）起均已開發使用圖書或期刊出納系統㉗。

在積極推展圖書借閱的措施方面，省立臺中圖書館於民國72年8月1日起實施郵遞借書制度，以擴大服務的空間與層面，期望利用便捷的郵政，解決本省偏遠地區民衆不便到該館參閱資料的缺陷，此項制度現仍繼續施行中㉘。

高雄市立圖書館自民國75年4月4日起，亦開辦兒童圖書外借服務，又爲方便父母指導兒童閱讀，亦歡迎親子同到圖書館，或由父母代替兒童借書，以便利讀者。民國75年9月起，又開辦過期期刊外借服務，選擇60種具有休閒性和知識性的雜誌外借。

在圖書館開放時間方面，各級圖書館開放時間均比大陸時期延長許多，下面所列均爲各級圖書館法規或標準所定之最少開放時間：

大學院校圖書館　每週不得少於86小時（80年4月大專院校圖書館標準）。

專科學校圖書館　每週不得少於72小時（80年4月大專院校圖書館標準）。

縣市文化中心圖書館　每週不得少於72小時（72年9月縣市文化中心工作要領）。

高級中學圖書館　每週至少56小時（74年9月高級中學設備標準）。

而根據國立中央圖書館民國77年出版之「臺閩地區圖書館調查錄」（74年統計資料）顯示，已有甚多圖書館超過以上標準，如大學圖書館，超過95小時以上的比比皆是；許多公共圖書館開放時間亦常隨著考試季節而適度提早及延後，雖然利用的僅是爲應付考試而自修的學生，但也顯示圖書館對讀者需求的配合。另外，休館時日除國定假日外，也無大陸時期所謂曝書日、清書期等較長的閉館時間。

在閱覽服務對象方面，也開始關注到殘障人士利用圖書館的權利。民國52年，臺北市立圖書館即在南京西路設立盲人點字圖書室，爲盲者服務。中央圖書館臺灣分館也設有盲人圖書資料中心，蒐購並製作盲人點字資料及有聲圖書資料；該館亦建立臺灣地區盲人資料卡，然後將所藏盲人資料點譯目錄寄送盲人讀者，俾便盲胞透過電話或點字來借閱。收到盲胞來訊後，該館即將所需圖書資料，以特製郵包郵遞寄上㉙。此外，民國60年代以後新建的縣市文化中心或各級圖書館均已在建築或內部設施上配合殘障人士的需求，顯見圖書館對殘障讀者的服務觀念已逐漸萌芽㉚。

遷臺後的圖書館事業，亦特別注重未來主人翁的服務，不僅有專屬的兒童圖書館，如信誼基金會的學前教育資料館、國語日報文化中心的兒童圖書館，各公私立圖書館及文化中心等亦均設有兒童閱覽室。

二、推廣服務

政府遷臺初期，依教育部所頒「各省市公立圖書館規程」及教育廳所公布的「臺灣省縣市立圖書館加強業務實施要點」中所規定，推廣業務實佔了所有業務裏很大的比率，可見其在初期各縣市公共圖書館之重要。

以民國51年臺北市立圖書館的組織編制而言，推廣組下轄惠德閱覽室、大安閱覽室、大佳閱覽室、東門閱覽室、公賣局松山菸廠閱覽室、市政府員工閱覽室、臺北監所圖書站、勵志進修班圖書室等；此爲市圖之巡迴圖書站，除設固定圖書，經常供應報紙、雜誌外，每月每處，巡迴三次，裝箱送站，以便供應。推廣組當時並在全市設立民衆閱報牌39座，每日張貼日報及晚報。依據民國50年代的臺北市立圖書館辦事細則所示。推廣組除辦理巡迴書庫及關於設立分館、民衆閱覽室、借書連絡站、看報牌外，尚須辦理製設播音機及空中教學輔導民衆讀書事宜、舉辦國文閱讀等各種比賽、辦理補習班及圖書教育，按期舉辦音樂欣賞及美術展覽等事宜。民國六十、七十年代，由於市圖之分館設立逐漸增多，普及於全市各區（至80年6月止，共有26所分館及13所民衆閱覽室），且社會民衆知識逐漸普及，經濟水準日漸提高，交通也更加便捷，故設於機關及市區之圖書站逐漸取消，改以圖書巡迴車服務於分館或閱覽室設置較不足之地區或較偏遠之郊區，巡迴書車載有圖書三千餘冊，採開架式取書，以便利讀者㉛。臺北市立圖書館之圖書巡迴車實爲公共圖書館推廣業務之典範。另市立圖書館在70年代以後亦相當重視兒童服務的推廣，兒童閱覽室經常舉辦班訪、小博士信箱、影片欣賞、圖書館之旅等活動。民國80年8月，臺北市立圖書館與時報文化公司合辦「好書交換活動」，是國內圖書館推廣活動的新舉，十分獲得民衆歡迎。

臺南市立圖書館民國四十到六十年代的推廣服務，亦以辦理演講比賽、補習班、巡迴圖書爲主要業務；如自民國39年起每年於社教運動週舉辦國文閱讀比賽；自民國41年起創辦國語文、會計補習班、舉辦成人及兒童巡迴書展，並自56年起巡迴至臺南監獄。民國61年，臺南市巨人少棒隊出國前集訓期間，時逢天雨不斷，該館還送了兩個裝滿的書箱，供小朋友在旅舍閱讀，此爲較特殊的一項讀者服務㉜。民國61年，臺南市立圖書館還訂立「設置市民閱覽獎勵金辦法」，以鼓勵市民研讀圖書風氣。至民國70年代，臺南市立圖書館已有中區、安平、安南、土城等分館，並接收中山兒童科學館、另蓋了育樂堂，對推展各項社教活動更爲方便，每年辦理各種研習活動、各項展覽等。臺南市立圖書館圖書巡迴站目前則以少年觀護所、監獄、各社區活動中心爲對象，每箱以二個月爲期。

國立中央圖書館臺灣分館的前身——臺灣省立臺北圖書館亦曾在民國43年與美國新聞處合作，以圖書巡迴來展開推展服務，活動範圍包括基隆市、臺北縣、陽明山、桃園縣、新竹縣等北部地區。改隸後的國立中央圖書館臺灣分館，除了繼續一般的巡迴書箱及辦理演講、展覽外，最重要的一項業務是積極輔導臺灣地區公私立圖書館，歷年來與地區內圖書館保持密切聯繫，除提供技術服務、資助經費、贈予圖書、並協助舉辦社教活動。

省立臺中圖書館自民國62年修正組織規程後，該館已成爲臺灣省輔導各縣市公私立圖書館業務之圖書館，故該館之推廣業務主要爲訪問、輔導各縣市文化中心及鄉鎮圖書館，定期辦理臺灣省圖書管理研習班、購贈各縣市文化中心兒童優良圖書等。每年經常在該館舉辦的活動則有全省詩人聯吟大會、主席杯橋藝、圍棋、象棋比賽、元宵節燈謎晚會、兒童故事演講比賽、國民生活須知演講比賽等，其實施辦法及要點均已列入該館之「圖書館業務章則」內。

民國70年以後陸續成立的各縣市文化中心，因爲本身包含圖書館、博物館、音樂廳等，故在推廣業務及活動方面，更呈現多采多姿，除一般展覽、演藝活動外，行政院文建會更協助各地文化中心建立地方文獻室及發展表現地方特色的文物館，以充實文化內涵及增加民衆對地方文物的認識，如南投縣立文化中心設立「竹藝館」、宜蘭縣立文化中心成立「臺灣戲劇館」、臺北縣立文化中心成立「現代陶瓷陳列館」、桃園縣立文化中心成立「中國家具博物館」、新竹市立文化中心之「玻璃工藝文物館」、苗栗縣立文化中心之「木雕藝術博物館」、臺中縣立文化中心之「編織工藝館」、臺中市立文化中心之「臺灣民俗文物館」、彰化縣立文化中心之「南北管音樂戲曲館」、雲林縣立文化中心之「臺灣寺廟藝術館」、臺南縣市文化中心之「臺灣民間藝能館」、澎湖縣立文化中心之「海洋資源館」、花蓮縣立文化中心之「石藝博物館」、臺東縣立文化中心之「山地文物陳列館」等㉝。

至若全國性的圖書館推廣活動，當屬民國59年起由中央圖書館與中國圖書館學會推行的「圖書館週」，此項活動於每年12月1日至7日舉行，各地、各級圖書館均展開圖書館宣傳活動，如演講、展覽、徵文等，以促進民衆對圖書館的認識及利用㉞。

三、館際合作

館際合作的範圍包括各館之間的合作採購、合作編目、館際交換及互通有無的圖書互借及資料複印；其中與讀者服務有直接關係的乃是資料的互借及複印。圖書資料的互借及複印的意義乃在彌補館藏資源之不足，使館際之間達到資源共享，而最終目的則在使讀者無遠弗屆地利用各館資料。

政府遷臺後，各館始終獨自發展，彼此之間僅有書刊交換之活動而已。民國57年，國立中央圖書館為便利讀者及增加圖書流通之功能，乃訂定「中華民國公共圖書館館際圖書互借合作辦法」，邀得省立臺北圖書館、省立臺中圖書館、臺北市立圖書館等參加。中央圖書館並在民國58年發起「大學圖書館館際圖書互借合作辦法」，共有12個大專院校參加，唯此兩項辦法皆因無一個正式的推行組織而成效不彰。

直到民國61年，中山科學院和與其有合作研究計劃的七個單位——清華大學、交通大學、成功大學、聯合工業研究所、空軍航發中心、聯勤兵工發展中心及中正理工學院等圖書館訂定「館際合作辦法」；依據此法，各館得以進行資料的互通有無。民國62年，國科會科資中心成立後，更積極規劃與推動，於民國64年正式舉行第一次會員大會，當時會員有27個。66年4月，該組織正式定名為「中華民國科技圖書館及資料單位館際合作組織」（Science & Technology Library Network, R. O. C.-SATLINE）；其後該組織日益擴大，為了提升合作功能，以加強科技資訊的研究，支援科技發展，乃於民國74年變更組織的結構性質，改名為「財團法人中華民國科技圖書館及資料單位合作組織研究及發展基金會」，從此對外有了合法的名稱。民國79年，基金會又向內政部申請成立協會，又正式定名為「中華民國科技館際合作協會」，會址設於國科會科學技術資料中心內；至民國80年3月止，共有會員二百卅九個，是國內最龐大的館際合作組織[35]。該協會所屬各會員單位日常除為讀者辦理申請複印國內資料，年服務量約在二十萬件次；並自民國70年起，由組織、協會委請行政院國科會科資中心提供向國外申請複印資料之服務。科資中心每年並編印出版西文科學期刊聯合目錄（70年並曾由中山科學研究院編印日文科技期刊聯合目錄），以方便讀者查檢各館所藏科技期刊資源。協會並發給會員單位閱覽證，讀者可申借該證進入其他會員單位之館內利用資料。

至於人文社會科學方面，則由國立中央圖書館發起，於民國70年組成「中華民國人文社會科學圖書館合作組織」（Library Consortium on Human and Social Science, R. O. C.），至民國79年底，會員有一百一十三個。此組織內各會員單位之讀者，亦可透過館際合作影印他館之資料，年服務量約二萬件次。此組織之國立中央圖書館自民國76年起亦開辦代讀者向大英圖書館文獻供應中心及美國Dynamic Information 公司申請影印期刊資料，並向美國國會圖書館代借圖書的業務。國立中央圖書館亦曾編印有「中華民國中文期刊聯合目錄」及「臺灣公藏人文及社會科學西文期刊聯合目錄」等供讀者查閱各館期刊資源；「中文圖書聯合目錄」亦不定期出版，可供查檢其他圖書館之中文圖書。

另外，「中華民國法律資訊系統合作組織」於民國75年成立，會員僅有十多個，係法律專業圖書館及大學法學院圖書館參加，亦提供會員單位之圖書互借及資料複印，並編有「英文法律期刊聯合目錄」。

四、參考服務

政府遷臺初期，圖書館參考諮詢服務之眞正理念尙未爲一般公共圖書館所了解，如臺北市立圖書館51年度概況提到關於參考諮詢工作所列的是：「於總館及各分館，均設英語、數學、理化三科指導員，以應讀者諮詢」，可見當時公共圖書館對參考服務的體認似僅止於對學生的學科指導，同時也無專門單位及專業人員來從事參考工作，僅國立中央圖書館於民國45年設立中西文參考室，陳列中西文參考書籍，由閱覽組派專人接受國內外各機構及個人的參考諮詢，但中央圖書館當時也不能免俗地在當時的青年閱覽室設有讀者顧問，分別解答青年學生的國文、英文、數學的問題。

事實上，民國40、50年代，臺灣當時亦缺乏圖書館科系畢業學生可到圖書館從事參考服務工作；臺灣最早設立圖書館科系的師大社教系直到民國48年才有畢業生；臺大則在民國50年才成立圖書館系，世新圖書資料科則於民國53年設立，輔大圖書館系、淡江教資系則遲至民國59、60年才成立；此種缺乏圖書館專業人員之情況，對圖書館之參考服務最具影響；直到民國50年代末期，圖書館科系畢業者漸多，但由於編制及待遇問題，投入縣市公共圖書館工作者尚不多，然圖書館學服務理念已逐漸發展，公共圖書館已普遍了解參考服務的重要及眞諦，如省立臺北圖書館於民國62年改爲國立中央圖書館臺灣分館時，即設置「參考諮詢組」，此爲公共圖書館中最早成立參考服務之一級單位者。民國66年起逐漸成立的縣市文化中心則皆已普遍設立參考室，並由於得以約聘方式聘任圖書館系專業人員，故已有許多圖書館系畢業之專業人員投入文化中心工作，其中不乏是從事參考服務者。

臺北市立圖書館則自民國72年起擴大總館參考室，充實各類參考工具書，並置專人及專線電話，爲市民提供電話、口頭、書信及面談之諮詢服務，以擴大服務層面。民國78年，臺北市立圖書館也經行政院核定，修正該館組織編制，正式成立「參考諮詢組」可見參考服務之業務已漸受重視。

大學圖書館方面，雖然一向較能吸收到圖書館系畢業生，但由於受到「大學規程」第12條：「大學圖書館除置館長外，分設採購、編目、典藏、閱覽四組，各組置主任一人」之死硬條文的影響，各公立學校圖書館並無「參考服務」之一級單位之設，大都僅於閱覽組之下設參考室或參考股；私立院校則僅有東海大學、東吳大學圖書館設立「參考組」，文化大學圖書館設立參考諮詢組㊱，故大學院校參考服務工作亦無法大幅展開業務。所幸，民國80年教育部圖書館事業委員會所通過的「大專院校圖書館標準草案」，其中大學暨獨立學院圖書館標準第8條已明定大學圖書館得視業務設行政、採訪、編目、流通、參考服務、期刊、視聽資料，資訊系統等組㊲，爾後各大學院校如能重新調整組織，將使參考服務更具發展。專科學校方面，標準草案雖未明定設立參考組，但設立閱覽（讀者服務）組及資訊服務組，使參考服務較「專科學校規程」所定較有活動及彈性的空間。

在參考服務的項目方面，除了一般電話、口頭、書信的諮詢解答及館際合作、資料複印等傳統項目外，由於電腦科技的進步及國外資料庫的引進，使得資訊檢索已成爲七十年代以後參考服務的主要項目之一。臺灣地區自民國68年電信局開放國際百科線上檢索服務後，許多圖書館紛紛申請接用，如師大、國科會科資中心、淡江、臺大醫院、農資中心、榮總、中央圖書館、中華經濟研究院、中研院經濟所、國防醫學院、立法院資訊圖書室、臺大、資策會、工研院化工所、中山科學院、成大、中鋼公司、高雄醫學院等，引進的資料庫則有DIALOG、ORBIT、BRS、JOSIS、OCLC……等㊳。民國76年起，另一種資訊儲存媒體——光碟開始引入國內圖書館，在參考服務方面更能指引讀者自行檢索，且價格便宜，因此各圖書館使用量激增，依據國立中央圖書館民國80年6月所編「臺灣地區各圖書館暨資料單位所藏光碟聯合目錄」所示，已引進各種光碟供讀者查檢使用的有：

國家圖書館	1所
公私立大學圖書館	20所
公私立獨立院校圖書館	19所
公私立專科學校圖書館	3所
授予學位之軍警學校圖書館	4所
機關圖書館	8所
研究機構圖書館	10所
公民營事業圖書館	4所
軍警單位圖書館	2所
醫院圖書館	7所

引進的光碟產品，除少數圖書館公務用書目性資料光碟外，大都爲可以供讀者查檢之文獻摘要、索引或百科全書、字典等之光碟片，共計約七、八十種。唯無論購買光碟之圖書館及光碟產品種類均日在增加中。

政府遷臺後，各圖書館對有助讀者查檢的書目、索引亦頗爲注意，除中央圖書館定期編有「中華民國出版圖書目錄」（月刊、年彙編、五年彙編）及「中華民國期刊論文索引」（月刊、季刊、年彙編）、「中華民國政府公報索引」（季刊）、「中華民國行政機關出版品目錄」（季刊）等，其他如臺大圖書館曾編「中文期刊論文分類索引」、政大圖書館編有「中文報紙論文分類索引」、師大圖書館編有「教育論文摘要」、東吳大學圖書館編有「法律論文分類索引」等，皆爲各圖書館爲擴大參考服務並方便讀者查檢利用之成果；其中中央圖書館之「中華民國期刊論文索引」已使用電腦建檔編印，並可供讀者在參考室內線上檢索。中央圖書館的書目及索引系統亦已發展成光碟片，並已公開發行，更方便各地圖書館讀者的查檢利用。

至若民國39年以後所出版有助圖書館員及讀者了解參考書及參考業務的工具書指南，則有下列各書：

(1)「中文參考書指南」李志鍾、汪引蘭合編　民國61年　臺北市　正中書局
(2)「中文工具書指引」應裕康、謝雲飛合編　民國64年　臺北市　蘭台書局
(3)「中文參考用書講義」張錦郎編撰　民國65年　臺北市　文史哲出版社（後於民國68年、69年、72年增訂並改名爲「中文參考用書指引」）
(4)「學科工具參考書」陳正治等編　民國67－68年　臺北市女子師範專科學校
(5)「參考服務與參考資料」薛文郎撰　民國70年　臺北市　臺灣學生書局
(6)「中文參考資料」鄭恆雄編　民國71年　臺北市　臺灣學生書局

(7)「西文參考資料」沈寶環撰　民國74年　臺北市　臺灣學生書局

結語

近八十年我國圖書館讀者服務的發展，事實上與圖書館事業本身即息息相關。大陸淪陷前的圖書館事業在戰火頻仍中搖蕩成長，茁長進度自然會受到影響；政府遷臺後，圖書館在安定中逐漸有所發展，尤其是近年來經濟繁榮，政府更加強文化建設，在硬體設施上多已有了現代化的建築，如新建的縣市文化中心、各大學圖書館等都已有設備新穎的館舍，今後所應注意的是在軟體規劃及讀者服務的精神方面再力求突破、發展，並應注意過去所忽略的基層圖書館如鄉鎮圖書館及高中、國中、國小等圖書館之建設，使圖書館之讀者服務更為落實、普及。

【附註】

① 參見嚴鼎忠著「國立北平圖書館之研究——清宣統元年至民國卅八年」頁二二。民國八十年　中國文化大學史學研究所碩士論文；以及嚴文郁著「中國圖書館發展史——自清末至抗戰勝利」頁二一。民國七十二年　新竹　楓城出版社印行。

② 張白影等編「中國圖書館事業十年」頁二二五　民國七十九年　湖南大學出版印行。

③ 國立中央圖書館編「中華民國圖書館年鑑」頁四〇四—四二三　民國七十年　臺北市　國立中央圖書館印行。

④楊寶華、韓德昌同編「中國省市圖書館概況，一九一九——一九四九」頁四六　民國七十四年　北京書目文獻社印行。

⑤嚴鼎忠著「國立北平圖書館之研究」頁六一——六二。

⑥同註⑤，頁一二五。

⑦各館借閱圖書之規定，均參見同註④「中國省市圖書館概況」一書中所敍列。

⑧同註⑤，頁六一。

⑨俞頌明「江蘇省立教育學院圖書館擴充事業概況」　圖書館學季刊　九卷一期，頁一二七——一三二。

⑩各館推展服務概況，均參見同註④「中國省市圖書館概況」一書中所敍列。

⑪同註⑧。

⑫張錦郎、黃淵泉合編「中國近六十年來圖書館事業大事記」頁一九　中國圖書館學會會報　二十四期　民國六十一年　臺北市　中國圖書館學會印行。

⑬見新教育　五卷十二期　民國十一年八月。

⑭李小緣「公共圖書館之組織」　圖書館學季刊　一卷四期　頁六二四　民國十五年十二月。

⑮李小緣「全國圖書館計劃書」　圖書館學季刊　二卷二期　頁二八九　民國十七年三月。

⑯同註⑤，頁一二九。

⑰同註④，頁二二一——二二三。

⑱同註④，頁九一。

⑲同註④，頁二二一。

⑳同註④，頁二六三。

㉑同註④，頁二八二。

㉒張錦郎「哈佛燕京學社引得編纂處的引得叢刊」，載於「中國圖書館事業論集」頁二二五　民國七十三年
臺北市　臺灣學生書局印行。

㉓詹麗萍「談中文工具書指南」　書香季刊　創刊號　頁四一。

㉔臺北市立圖書館概況　民國五十一年度　頁七三。

㉕黃淵泉、簡家幸編「圖書館事業大事記」　第二次中華民國圖書館年鑑　頁一八三　民國七十七年　臺北市
國立中央圖書館印行。

㉖張錦郎「一年來的圖書館讀者服務」　國立中央圖書館館訊　八卷四期　頁四〇二　民國七十五年二月。

㉗參見李德竹「我國圖書館自動化資訊系統發展之探討」　中國圖書館學會會報　四三期　頁一〇七—一二三
民國七十七年十二月。

㉘圖書館業務章則輯要　省立臺中圖書館編　頁二四。

㉙宋建成「圖書館的公衆服務」　國立中央圖書館館刊　一三卷二期　頁六九　民國六十九年十二月

㉚雷叔雲「機會均等與全面參與——圖書館對生理障礙人士的服務」　中國圖書館會會報　三九期　頁五一

民國七十五年十二月。

㉛ 鄭吉男「談圖書館推廣服務」　社教雙月刊　七期　頁二四　民國七十四年五月。

㉜ 六十一年度臺南市立圖書館概況。

㉝ 參見文建會編「文化中心簡介」　民國七十九年　文建會印行。

㉞ 參見王錫璋「圖書館週獻言」　載於「圖書與圖書館論述集」　頁一一九—一二三　民國六十九年　文史哲出版社印行。

㉟ 參見「中華民國科技館際合作協會成立大會資料手冊」　民國八十年三月　該協會編印。

㊱ 宋雪芳「我國大學圖書館參考服務發展之研究」　頁五一　七十五年　中國文化大學史學研究所碩士論文

㊲「大專院校圖書館標準草案」　民國八十年　教育部　圖書館事業委員會擬訂。

㊳ 莊道明「我國臺灣地區國際百科線上資訊檢索服務調查之研究」　頁五一　民國七十七年　臺灣大學圖書館學研究所碩士論文。

（原載中國圖書館學會會報48期80年12月）

第二輯

未來在書架上

——葛　林（Graham Greene），英國作家——

一九八九—青少年讀者年

劉紹銘先生在一月三十一日的聯合報副刊，介紹美國賀殊教授所編的「共識辭典」一書，文中提到今天美國許多大、中學生對「共識」（國內有人稱爲通識）之無識，不僅對本國史地茫然無知，更不論世界各地重要訊息。

劉先生認爲此種共識，不是短時間所能培養出來，應該從小訓練；普通人記憶力最強的時候，是在小學到初中階段。而在賀殊教授看來，這正是美國教育問題最多的階段。

美國中小學的教育方式所造成像賀殊教授所講的缺乏通識的問題，事實上也引起擔負社會教育任務的圖書館界人士的擔憂，而冀望以提倡對圖書和閱讀的風氣來彌補教育制度上的缺陷。

一九七七年，美國國會圖書館前館長布斯汀（Daniel J. Boorstin）博士——一位眼光深遠的歷史學者，就在館裏成立一個「圖書中心」（The Center for the Book）的單位，其目的在推展、激發一般大衆對圖書和閱讀的興趣。

布斯汀認爲：「身爲一個偉大國家的國家圖書館，國會圖書館應該有責任見到知識結晶的書籍不受到冷落，而能被各種年紀、各種行業的人所閱讀」。

的確，現在的書籍在各種五光十色娛樂媒體的衝擊下，已逐漸被大家，尤其是青少年所疏遠；閱讀已變成生活上可有可無，甚至令人不耐的事。就像電話、電腦普及後，寫信已被認爲是花時間和落伍的事一樣。

然而典籍自古以來即爲知識、經驗傳遞最重要的一種媒介，疏忽了閱讀，也就似乎斷喪了文化的傳承。

布斯汀在他的「圖書在我們的未來」（Books in Our Future）一書中曾說：「我們的民主是建立於圖書和閱讀，而這個傳統現在正受到文盲和半文盲的威脅……我們必須保持圖書文化的繼續驅動……」，布斯汀所謂的半文盲，也就是賀殊所說的缺乏共識的一群。

「圖書中心」只是國會圖書館一個小小單位，專任人員很少，因此這個促進全國圖書文化發展的工作，勢必要結合許多企業和其他有關機構來共同推行。

美國目前有十七個州也成立類似的中心，同時與書籍有關的團體如美國圖書館協會、美國書商協會、美國出版家協會，以及主管教育文化的政府機構像教育部、新聞總署等都共襄盛舉，共同提倡這項風氣的推行。

許多企業，像「貝克和泰勒公司」（Baker & Taylor Co.）、雙日公司、藍燈書屋、讀者文摘、時代公司等二百多家重要出版社及「披薩屋」（Pizza Hut）及CBS、NBC等電視網，也經常熱烈贊助爲推行這項風氣所舉辦的各種活動。

「圖書中心」推展圖書和閱讀風氣的活動，經常會訂出一個主題，作爲各項活動環繞的核心指標。例如一九八七年，就訂出了「一九八七——讀者年」，依此中心主題，它推動了七次研討會、三次講座、一次展覽和印行了八本出版品，並配合電視網製作了有關圖書文化的節目。

有鑑於書籍和閱讀是心靈成長的最重要滋養物，而兒童和青少年則是學習能力最強的時刻，今日開展兒童、青少年成爲一個愛書的閱讀者，就是使其明日成爲一個有知性、有共識的公民讀者的最好方法。

爲了讓美國民衆重視培養兒童、青少年對圖書和閱讀的喜好和興趣，美國國會圖書館現任館長畢寧頓（James H. Billington）又指定一九八九年爲「青少年讀者年」，由國會圖書館的「圖書中心」和「兒童文學中心」共同提倡。

畢林頓指出「閱讀活動是促使我國國家健康最重要之舉，我們迫切需要帶領我們的青少年去與書籍、閱讀及圖書館多多接觸」；近年來許多報告指出美國學童在許多學科測驗的成績均遠落於日本、西德等國，莫怪畢林頓也和布斯汀一樣心有戚戚，而畢氏更要從基本紮根起了。

這項主題，同樣已獲得許多單位的贊助及共同推動，「圖書中心」也設計了海報標誌和口號——從書本展翅而逐漸高飛的鳥，配上「給我們書，就是給我們翼」（Give us Books, Give us Wings），表示書籍可帶來遼闊的視野；這份海報和標誌歡迎各推展愛書活動的單位使用。「披薩屋」企業今年也熱心編印精美宣傳目錄，還將與國會圖書館在十一月十五日舉辦「全國青少年讀者日」活動。

「一九八九—青少年讀者年」這個主題，希望能推展到各個學校、圖書館和家庭，「圖書中心」列出了幾項建議學校、圖書館和家庭可以採行的活動，如學校和圖書館可以用這個主題名稱配合各種讀書活動，鼓勵學生一天當中指定某一時間爲「放下一切而閱讀」，鼓勵學生互相推薦好書，獎賞閱讀有成就的學生……等等。

家長在兒童閱讀活動上的角色更爲重要。因此「圖書中心」建議每個家庭應該從事下列活動：

——與子女一起閱讀。

——在家中到處擺置書籍。

——爲孩子訂閱書刊。

——鼓勵孩子辦理圖書館閱覽證、借書證等。

——全家拜訪圖書館、書店。

——協助孩子選書。

——重讀你孩童時代愛讀的書，並與你的孩子分享。

——將床邊故事作爲家庭固定的活動。

——協助孩子成立自己的小小圖書室。

——鼓勵孩子寫故事、寫日記、寫信等。

——建立全家閱讀的目標。

——全家旅行前先閱讀目的地的有關資料。

……………

……………

上面列舉的只是幾個原則項目而已，活動如何推展，仍留給大家更大的空間，目的只是鼓舞父母、教師、圖書館員及其他有關單位重視培養兒童、青少年對書籍和閱讀的興趣，以挽救近年來日漸式微的青少年閱讀風氣。

英國作家葛林（Graham Greene）曾說：「早期閱讀的影響是極爲深厚的；太多的未來就都擺置在書架上，書籍帶給孩童的指引是超過任何宗教的教誨的」，因此，近來常翻閱美國有關圖書、書評或圖書館雜誌的人，會經常看到在刊物間出現的「一九八九——青少年讀者年」的宣傳標誌和口號，就應該瞭解到「圖書中心」的一番苦心罷！

（原載自由青年七一六期78年4月）

一九九〇——國際掃盲年

聯合國訂一九九〇年爲「國際掃盲年」（International Literacy Year），並由其下的教科文組織（UNESCO）做爲此項活動的領導機構，參與的單位還有聯合國開發計畫署、世界銀行、國際勞工組織、世界兒童基金會等聯合國所屬組織。這一項國際年的行動將促使世界公衆輿論對文盲問題加深認識，並有助於加強掃盲和教育工作。

聯合國之所以發起掃盲年，主要是世界上文盲人口仍很多，依據一九八五年的統計，世界成人文盲有八億八千九百萬人，佔成人人口四分之一強，其中亞洲就有六億六千六百萬人，佔世界文盲總數的四分之三；非洲文盲的比率則最高，佔其成人人口的百分之五十四。而值得重視的是未開發及開發中國家仍有一億多學齡兒童沒有入學，如果不立即採取措施的話，他們就有可能成爲二十一世紀的成人文盲。文盲對個人的生存權益及社會、國家的發展都有極大的妨礙，教科文組織因之希望藉此國際年的宣傳和各種活動，通過國際輿論的呼籲來促使那些受文盲之害的國家加強採取行動。爲了推展這項活動，教科文組織不僅設計了掃盲年的標誌和海報，還組織了一個國際掃盲工作組，規劃了一個爲期十年的工作目標。

「國際掃盲年」的活動，在我國似乎未見有輿論報導。但即使是像我國已是全民教育普及，學童就學率已達99%以上的國家，亦不容忽視此項國際年的目標。根據內政部的統計，七十七年底國內不識字民衆仍有一百卅二萬餘人，此近百分之七的民衆，其「滿足基本學習需求」的權利，仍值得政府爲其爭取解決，尤其是那些由於精神或身體上的殘疾而在讀寫方面遭到嚴重困難的民衆，更須予以協助。

另外，「國際掃盲年」對已開發國家宣導的重點則不是在掃除一般文盲，而是「職務性文盲」（Functional Illiteracy）——這是因爲科技的發展導致一些傳統工作的淘汰，職工必須面對新的知識或技術，此時各機構如果未能適時給了職工再教育、再訓練的話，就會形成所謂「職務性文盲」，各機構業務的推展就會受到妨礙，（電腦的普及應用就是當前最中、國中、國小等臺灣即將邁入高度開發國家之林，因此，必須重視職工的在職教育和訓練，以塑造未來社會主要的力量。已開發國家也應在政府、雇主的支持下，發起這種掃除職務性文盲的工作。同時，不僅要消滅職務性文盲，而且最好也能夠多增加職工的「通識」知識，使我們能成爲一個更有知性的社會。美國有一位赫許教授，他就認爲美國雖然是一個高度開發國家，但許多民衆的「通識」知識仍相當不夠，在今日資訊交流頻仍的社會實很難立足，因此他特編了一本「通識辭典」（The Dictionary of Cultural Literacy），供民衆了解現代國民應有的知識，此種觀念，即值得我們參考。

我國雖非聯合國會員國，但對此國際掃盲年活動，值得我們關切、回應和共舉。

（原載中國論壇三五五期79年7月10日）

一九九一——終生讀者年

美國國會圖書館館長畢寧頓（James H. Billington）於去年年底，指定一九九一年為「終生讀者年」（1991—The Year of the Lifetime Reader），邀集全國有關機構團體及企業等，共同響應這項推展讀書的活動，並請出第一夫人芭芭拉·布希擔任榮譽主席。

美國國會圖書館的「圖書中心」，是依據美國國會一九七七年十月十三日通過的第九五——一二九號公共法案而成立的，此中心成立的構想來自當時的館長——歷史學者布斯汀（Daniel J. Boorstin）博士，他認為國家圖書館應激發全國民眾對圖書和閱讀的興趣，圖書館也應與各機構團體，共同促進民眾對圖書及閱讀的了解。

因此他在館內成立一個「圖書中心」，對內辦理、聯繫有關外界捐贈圖書給圖書館的事宜，而最重要的，則是對外推動民眾認識圖書，及閱讀對人生的重要性之活動。

由於美國幅員廣大，且「圖書中心」人員很少，因此它僅扮演一個策劃者的角色，訂出一個活動的主題及部分活動內容的建議，而有關活動的方案、計畫及經費，均有賴各參與團體或企業的設計及共襄盛舉。

為了方便聯繫及活動的統合性，一九八四年起由佛羅里達州及伊利諾州，率先成立州的「圖書中心」，到一九九〇年十一月二十九日，阿拉斯加也成立圖書中心的分支機構為止，全國共有二十四個州的「圖書中心」，這些州的「圖書中心」大部分位於州立圖書館裏，共同配合圖書館的「圖書中心」，推展各州的讀者活動。

圖書中心推展圖書和閱讀風氣的活動，就是透過舉辦研討會、講演、展覽……等活動，並配合電視網製作有關圖書文化的節目，來宣導閱讀的意義及重要。

為了宣導的一致性，「圖書中心」經常會訂出一個主題，作為各機構團體推展各項活動的核心指標，例如一九七七年CBS廣播電視網推出「多讀一讀它」（Read more about it）的宣導活動，以及一九八七年的「一九八七——讀者年」，一九八九年的「一九八九——青少年讀者年」等。

今年，「圖書中心」所呼出的主題口號：「一九九一——終生讀者年」，強調閱讀不應只是學生或青少年所應重視的；每一階段的生命，從兒童到老年，閱讀都能幫助他們對國家、社會、家庭和自我的責任加以調適，並增加自己的樂趣和知識的成長。

從兒童到老年，書籍事實上也是滋養、孕育心靈成長，及刺激社會進展的因素。我們許多兒童、成人或老人，都因為不知從閱讀中汲取知識或樂趣，以致影響了他們的快樂、人生導向，及荒廢了對社會的貢獻……等。

即使是盲人和殘障人士，閱讀也是他們與外界溝通的途徑，因此「終生讀者年」宣導的對象也包括殘障同胞。所以美國國會圖書館的「國家圖書館盲人及肢體殘障服務中心」，及全國一百五十個有製作盲人點字資料，或設有殘障人士閱讀設施的圖書館，也都共同參與此項活動。

因此「圖書中心」延續「一九八九——青少年讀者年」的活動，推出「一九九一——終生讀者年」的口號，是再次與各企業及團體共同合作，以建立一個不斷閱讀、不斷學習，且不斷進步的時代。

「一九九一——終身讀者年」因爲強調終生閱讀，因此除了原先參與、贊助「一九八九——青少年讀者年」的團體和企業外，許多勞工組織、退休人員團體……也都紛紛主動加入宣傳、提倡這項風氣。

到一九九〇年十月十七日止，除了州的「圖書中心」和各圖書館外，已另有六十五個團體組織，願意共同推展這項活動。如「美國成人繼續教育協會」、「美國退休人員協會」、「美國兒童福利聯盟」、「國家社會研究委員會」、「國家老人委員會」、美國勞工部……等等。

當然，美國圖書館協會、美國出版商協會……等與書籍相關的行業團體，更是依例參與這項活動。

也因此，「圖書中心」對「一九九一——終生讀者年」這個主題所列出的八項建議活動，也就不像「一九八九——青少年讀者年」僅以學校、圖書館和家庭爲主，更推廣至各企業組織及團體，以便爲各種成人、老人宣傳。

「圖書中心」建議個人或家庭中可配合的活動，如全家拜訪圖書館、書店，成立自己的家庭圖書館、計畫假期的閱讀、互相報告所閱讀的書籍……等。至於其他團體，「圖書中心」也分別建議一些可供推展或辦理的活動：

政府機構及有關團體可推行的活動如：

——採用「一九九一——終生讀者年」當作整年或特別活動、集會時的主題。

——發起員工每月閱讀一書的活動。

——採用「一九九一——終生讀者年」做爲海報上的標幟。

——贊助或舉辦有關「圖書改變我一生」等的論文比賽。

——贊助圖書獎勵活動。

——與各州、各地區的旅遊協會合作，鼓勵有關各地文獻的閱讀，以增加鄉土意識。

——鼓勵當地社區團體認識本地的作家，或透過閱讀了解本地的文化資源。

企業或勞工團體，則可辦理以下的活動：

——成立一個讀書討論會團體。

——提供閱讀訓練的教室或場所。

——對員工及眷屬的閱讀活動予以獎勵。

——與附近的圖書館或學校合作舉辦閱讀活動。

——以圖書當餽賞或禮物。

——採用「一九九一——終生讀者年」作爲公司產品或廣告的副標語。
學校、圖書館和教養中心等，也可推行下列活動：
——每天設計一段「放下一切事物而閱讀」的時段。
——舉辦書展。
——編製與書親近或閱讀的行事曆。
——鼓勵推荐值得閱讀的書籍。
——贊助閱讀活動的獎助計畫。
——編印適合各年齡的閱讀書單。
——設立可「大聲閱讀」的角落。
——成立圖書討論會團體。
——邀請當地的作家講演，介紹有關他們的書。
——利用電視、廣播鼓勵閱讀。
上面列舉的活動，仍然只是「圖書中心」的幾個原則，活動如何推展，仍留給大家很大的空間，各參與機構也儘其能力舉辦活動。
如「美國圖書館協會」製作印有「一九九一——終生讀者年」標幟的襯衫、鉛筆、旗幟、海報提供義賣；「披薩屋」贊助全國閱讀獎勵比賽；「世界圖書百科全書公司」也贊助「美國圖書館協會」

舉辦「一九九一——終生讀者年」的攝影比賽；「每月一書俱樂部」也贊助「圖書中心」一個研究調查計畫，以了解終生閱讀的有關問題；CBS、NBC等電視網路也助以宣導時間……。

各單位推展的活動，還可互相交換意見，「圖書中心」還發行刊物，使大家意見交流。

此外，各機構團體也可配合原來就有的全國性宣導圖書活動——如「全國圖書週」、「全國圖書館週」、「國際識字日」、「兒童圖書週」及「全國青年讀者日」等，來加強宣傳「一九九一——終生讀者年」，以促進民衆對圖書、閱讀、圖書館，和本土文化遺產的了解。

「給我們書，就如給我們羽翼」（Book give us wings），「圖書中心」仍然沿用由書本展翅高飛的鳥的圖案，做爲「一九九一——終生讀者年」的標幟之一，是的，書籍能使人思潮飄逸馳遠，猶如飛鳥能遠瞰世間事物，讀書應是任何一個年齡，任何一種職業的人，所應享有的權利。

（原載自由青年七四一期80年5月）

國外的「圖書週」

在各種娛樂媒體，像電影、電視、電玩等日益衝激下的現在，書籍似乎已逐漸被大家，尤其是青少年所冷落，閱讀已變成生活上可有可無，甚至是令人不耐的事。許多出版先進國家，爲了提倡讀書、閱讀的風氣，通常都會由政府與民間社團、協會發起一些與圖書或讀書有關的活動，以呼籲大家重視自古以來即爲知識和經驗傳遞最重要的一種媒介—圖書。這些活動中，有的是訂定一項主題，作爲年度推動各項讀書、閱讀活動的核心指標，像美國國會圖書館的「圖書中心」（The Center for the Book）與各企業單位所發起的「一九八七—讀者年」（1987——The Year of Readers）和「一九八九—青少年讀者年」（1989——The Year of Young Readers）等。另外最普偏性的活動，還是每年固定一段時間舉辦的「圖書週」或「讀書週」等的推展和提倡。

「圖書週」是一個或一些團體組織相互合作所發動、設計的一些促進民衆對圖書認識或增進閱讀興趣的各項計劃或活動，它可以與圖書館的認識及利用結合而成爲「圖書館週」（Library Week），也可以是全國普遍推展的，像「加拿大全國圖書週」（Canadian Book Week），也可以單以地區爲範圍，像「墨爾本圖書週」（Melbourne Book Week），或者是專門爲推展某類圖書閱讀的如「天主教圖書週」（Cathalic Book Week）及「全國聖經週」（National Bible Week）……等。不管名稱如何，其目的都是在促進圖書、閱讀的興趣。

在日本，戰後的一九四七年即有讀書週的創立，以發揚日本文化，促進國民讀書觀念，一九五九年，更有「兒童讀書週」的發起。

在美國，除了一九五八年由美國圖書館協會所發起的「圖書館週」外，早在一九一九年就有所謂的「兒童圖書週」，（Children's Book Week），是由當時的鮑克公司（R.R. Bowker Company）旗下的出版家周刊（Publishers Weekly）編輯梅爾契（Frederic G. Melcher——他後來分別在一九二二年和一九三七年創立著名的「紐伯利獎」Newbery Award：獎助優良青少年讀物和「卡德寇特獎」Caldecott Award：獎勵兒童讀物的插圖）及童軍總部圖書館長馬修斯（Franklin K. Mathiews）、紐約公共圖書館兒童圖書館員穆爾女士（Anne Carroll Moore）等三人共同倡議，以促進兒童讀物的發展和增進兒童、青少年對閱讀的興趣。

這種將讀書活動和閱讀興趣的培養植基於兒童及青少年是相當正確的。到了一九四五年，兒童圖書編輯協會，決定由幾家兒童圖書出版社成立「兒童圖書委員會」（Children's Book Council，簡稱CBC），作爲一整年推動、提倡兒童圖書與閱讀的組織，並獲得美國教育部、「美國圖書館協會」、「國家教育協會」、「雙親及教師協會」、「兒童研究協會」、「美國書商協會」……等的支持贊助，並接掌每年「兒童圖書週」活動的主辦。

「兒童圖書週」每年定在十一月間，但後來認爲讀書及對圖書認識的活動應是全民化的，因此不應刻意強調兒童，所以常就稱爲「圖書週」（Book Week）而已。圖書週的活動，不外是舉辦講座、書展、宣傳等等，而「CBC」也專門製作精美而生動活潑、有趣的海報、書籤、旗旛，以期散播到各個學校、圖書館、公衆場所、傳播媒體等。CBC日常也編印一些有關圖書及閱讀的小冊子及海報等，供教師、家長參考或作爲宣導之用。今年一九八九年的圖書週，定在十一月十三日—十九日，口號是「預備—開始—閱讀！」（Ready—Set—Read!），CBC已印製各種漂亮的海報、書籤，準備散播「閱讀」的氣息到全國。

國內雖然在十二月初也有所謂的「圖書館週」活動，但偏重在認識圖書館，熱鬧的恐怕也只是圖書館界而已；如何鼓動更多的出版社，民間團體多主辦，贊助這種活動，讓書香及閱讀風氣更能普及於每個角落，（說句讀書人酸話，能像近兩年的股票市場人口就好了），是值得我們借鑑於國外的。

（原載中國時報78年12月4日開卷版）

每書有其人……

一九九四年美國兒童圖書週的主題

每年十一月感恩節的前一個星期是美國的「全國兒童圖書週」（National Children's Book Week），各個學校、圖書館及企業團體等，均熱烈舉辦或贊助各種提倡兒童讀書及閱讀風氣的活動。一九九四年的全國兒童圖書週已是第七十五屆，訂在十一月十四日—廿日在全國各地展開活動。

美國之所以有兒童圖書週的推行，乃由於體諒兒童和青少年是學習能力最強的時刻，在兒童時期即開展他們成爲一個愛書的閱讀者，就是使其明日成爲一個有知性之好公民的契機。

因此，早在一九一九年，出版家梅爾契（Frederic G. Melcher—他繼承鮑克—R.R.Bowker成爲著名的參考工具出版社「鮑克公司」的領導人）就和一位身兼童子軍身份的圖書館員馬修斯（Franklin K. Mathiews）共同發起「兒童圖書週」的活動。

梅爾契本人也相當重視兒童讀物，他在一九二二年、一九三七年還分別創設著名的紐伯利獎（

Newbery Medal——獎勵優良兒童圖書）和「卡德寇特獎」（Caldecott Medal—獎勵優良兒童讀物插畫）。

一九四五年，由數十個出版兒童圖書的出版社聯合組織了一個非營利性的團體—「兒童圖書委員會」（Children's Book Council—稱CBC），其宗旨即在提倡兒童對圖書的喜愛、增進兒童閱讀的風氣和促進社會和成人對兒童讀物的認識和重視。

該機構成立後，即開始接辦推展全國兒童圖書週的活動，不僅推動各學校、圖書館、社區的熱烈參與，也尋求企業、團體的贊助，舉辦各項有關閱讀的活動或比賽及圖書展覽等。每年CBC也會選訂一兩句主題和口號，印製在海報、旗旛、書袋、書籤，甚至於茶杯、襯衫、鉛筆……上面，不僅可販賣作爲活動的基金，並可加深兒童或參與者的印象；如一九四六年的主題是「圖書是橋樑—Book are Bridges」、一九五〇年「與書爲友—Make Friends with Book」，一九六〇年之「爲書歡呼—Hurray for Books」、一九七八年「哈囉！圖書！Hello Book!」及一九九三年的「分享書中的奇妙—Share the Adventure」……等等。今年CBC提出的主題口號是「每書有其人，每人有其書—Books for Everyone; Everyone for Books」，並呼籲出版社出版適合每個兒童閱讀的好書，讓每個兒童也都有合適的好書可讀；CBC也期望「讀過美國—Read Across America」，讓閱讀風氣普及美國。

「兒童圖書週」是CBC一年中最重要的例行活動，但其平時也與許多相關團體協力，推展許多有關兒童閱讀的活動，如與美國書商協會合作編印兒童圖書目錄、與美國圖書館協會編印《建立家庭圖書館》（Building Home Library）小冊子叢書、與全國科學教師協會合作辦理優良兒童科學圖書展覽、與美國國會圖書館的「圖書中心」－（Center for the Book）發起「一九八九－青少年讀者年」的活動……等等，可見其業務也是全面而且賡續不斷的。

英國作家葛林（Graham Greene）曾認爲兒童早期的閱讀影響是極爲深遠的，兒童太多的未來就都擺置在書架上。見諸美國極力推行兒童圖書週和全國各界對此活動的熱烈參與，這是值得我們參考借鑑的。

（原載中央日報83年10月12日讀書版）

美茵河畔飄書香

在國內，大家最常看到的書展，通常都是在國際學舍舉行的，那地方如果只是各攤位瀏覽一下，大概二、三十分鐘就逛完了。

最近幾年，新聞局舉辦過兩次國際書展，第一次在中央圖書館的展覽廳和部分閱覽室，大家皆嫌小，而且圖書館也不適宜作書展用地。新聞局從善如流，今年初的第二次台北國際書展就移到世貿中心，場地倒是寬敞許多，可是參展的各國書商不多，兩百多家吧？走完全場，大概也只要一、兩個小時。

但你如果到德國的法蘭克福看看一年一度舉行的國際書展，你就會為這世界第一大書展嚇了一大跳——光是每個攤位瞄上一、兩眼，或許你就要花上四、五天，才能匆匆走完全程。

法蘭克福展覽會場共有十個館，每個館又分為二—四層樓，這次書展用到六個館（一號、三—六號館及一個主題館），全部場地面積是十三萬平方公尺，大概是我國中央圖書館全部九層樓樓板面積的三倍多大。

參展的出版社及各類型資料書商、代理商，共有來自九十個國家八千四百一十四個單位（比去年又增加了二百二十五家），展出的書籍共有三十八萬種，其中新書約有十一萬三千五百種。因此，自十月三日至八日的展覽時間，位於美茵河畔的法蘭克福，處處充滿著書香。

到此參觀書展、交易版權的書商、出版商、圖書館員，及愛書的民衆，數字尚未統計出來，不過料將打破去年的二十二萬九千人。也怪不得我們兩個多月前即訂不到法蘭克福的旅館，必須住到四十分鐘車程之外的小鎮威斯巴登去了，而且餐館費用漲得驚人。

西德的法蘭克福，因位於萊茵河支流美茵河畔，爲了與東德奧得河畔的法蘭克福，及許多同名的德國小鎮區別，因此通稱「美茵河畔的法蘭克福」（Frankfurt am Main）。此地位居德國地理中心，自十三、十四世紀以來即是德國各種市集聚散之地，（法蘭克福的展覽會場已有七百五十年的歷史），又因爲它靠近發明活字印刷術的谷騰堡（Johannes Gutenberg）的故鄉美因茲（Mainz）很近，自古以來出版業即很興盛。法蘭克福在十五、六世紀即經常舉辦德國及歐洲的區域性圖書展覽，這兒也是德國文學家歌德的故鄉，使得它更增添了不少文化氣息。

十七世紀以後，德國重要圖書出版行業雖一度轉往東德的萊比錫，但二次世界大戰後，德國復興，法蘭克福因有美茵河的水運樞紐及主要公路網路，又擁有歐洲最大鐵路車站及每天起降飛機八百架次的飛機場，這些優厚的地理環境及傳統的文化氣息，使得法蘭克福在一九四九年再度舉辦國際書展，以維持戰後淪入鐵幕的萊比錫書展之傳統。

第一屆書展雖然只有二百多家西德本國的書商參加，但由於其歷史傳統，隨後幾年即吸引到歐美各國參加，再以後更逐漸擴大為全世界各國與會的盛大圖書饗宴。

今年的法蘭克福書展是第四十二屆，規模已是盛況空前，使得主辦的德國出版商及書商協會不得不多增加一個館（一號館）。

由於會場太大，各館之間皆有玻璃帳幕長廊相連，為免腳力不佳的人苦於奔波，長廊中都設有電動走道。各館之間也有小巴士巡迴載客，可見世界最大書展之名，實不虛也。

今年法蘭克福展場旁邊，又新落成一座聳入雲宵的高塔，狀似削尖的鉛筆，國內同去的伙伴皆戲稱為鉛筆塔。這高塔似乎也為法蘭克福帶來文化氣勢上的地標，從法蘭克福市內各地皆可望見，因此即使是初來參觀書展的人，也不致會迷路。

書展既如此之大，參觀者如何在有限時間內選擇自己有興趣的看呢？

事實上場地的分佈也是有分類的，藝術、宗教、科技、青少年讀物、教科書各在不同館的不同樓層，地球儀、旅行指南等類的製造商或出版商也有專門集中區域，而四號館則是國際館，各國書商可聯合在此設置攤位，也就是出版商如要突顯自己專業特色，可在各分類樓層展出，否則與自己國內的出版商集中在四號館形成一個區域也可以。

圖書供應商、代理商及圖書裝訂、印刷廠商也在六號館的三、四樓分別展示新的業務或新的製品。奇怪的是一號館也有一層專門展出畫作及海報、明信畫片、月曆、藏書票……等，像是畫廊般，可見書展已非單純圖書展示，而是整個圖書、印刷及相關行業之展了。

估計起來，每館各層樓皆有五百多攤位，每個攤位皆布置得美侖美奐，各種新的書籍及媒體新產品無不精銳盡出，怪不得令人看得眼花瞭亂。

而各國書商來此，也並非單守著攤位待價而估，他們還到各攤位去訪視，以談判、開發、合作出版事宜。

版權交易本來就是法蘭克福書展最大的目的，事實上許多書商是早在會前就相約到法蘭克福一見，因此，你如看到一些小攤位上沒人，不必驚訝，展覽是小事，他們跑去跟別人談生意了。

大部分的攤位，都設有沙發或在裡面隔成小間，以供會談之用，大型的國際性出版集團或大規模的出版商、書商，更是租下好幾個攤位打通，派來不少職員以應付不斷的訪客，有的攤位更會舉行雞尾酒會，因此你也會看到不少杯觥交錯，把酒言商的場面，非常熱鬧，此種情況與國內書展純展示、純賣書，可說大異其趣。

法蘭克福書展所見，自然皆顯現歐美強勢文化，參展單位自然以德國出版社最多，外國方面則以英國的八七二家出版社居冠，其次是美國的六八二家，法國及義大利分別是五六〇家和四七〇家。

但是，今年的風采有一半被來自東方的日本奪去。法蘭克福書展自前年起設立國家主題館，前年是義大利，去年爲慶祝法國革命兩百周年設立法國館，今年則選定日本爲主題。

日本政府爲使本國文化在此次書展中發揚光大，特別花費一千餘萬馬克布置了一個內容充實、設計又氣派萬千，並兼具文化氣息的「日本館」，展出的名稱訂爲「日本之過去和現在」。館中除了依歷史的演進，展出各時代的日本書籍及印刷技術，並有最新科技的各種視訊產品，如高解析電視（H.D.T.V.）、電腦翻譯機、光碟產品……等等，處處展現日本不僅有陳醇之文化，也有尖端之科技。

從高解析電視小劇院放映影片的內容，可看出日本要博得德國人歡心的處心積慮，因爲螢幕上放映的就是今年世界杯足球賽的精華，而西德正是本屆的冠軍隊伍。

另外一部影片的內容，也是探討一位遠嫁歐洲，面臨東西文化衝擊的日本婦女的心路歷程，極易打動人心；可見國際宣傳的立足點，不能僅從自己的角度出發。其他，播放日本木刻畫作品構成四季景觀的立體電影，更令觀衆動容，筆者看後方覺中影文化城所放的海底立體景觀，誠屬小巫見大巫矣。

這些融合古今文化技術的展出，想來會令參觀者感到印象深刻的，然而日本的宣傳並不止於書展六天，日本政府並在法蘭克福舉辦所謂「日本年」活動。從九月開始在法蘭克福各地就展開一連串圖書、電影、戲劇、美術展等活動，各旅館、公共場所也到處都看得到「日本年」的宣傳小冊。

筆者晚間在旅館打開電視，恰巧看到在介紹「日本館」的一些展示，和採訪日本一家出版社的業務和做法。我聽不懂德文，但滿耳聽到「賈胖」「賈胖」（Japan之德語），也深覺日本不僅在經濟「進出」他國，連文化也開始「進出」他國。這股氣勢令人可怕，但無奈的，也不得不令人佩服。

而我國在法蘭克福的情況呢？早在六十年代，中央圖書館曾代表政府以中華民國名稱參展，但在我國退出聯合國後，西德不再承認我國國名，政府也就不派員參加了。

政治的因素使我國消聲匿跡於法蘭克福書展將近二十多年，其間有出版社以參觀名義前往觀摩或只作生意上的談洽。直到一九八三年起，國內的漢光文化公司以紐約分公司的名義參加展出，使臺灣的中文出版品開始重現法蘭克福，但孤軍奮鬥，在浩浩書海中猶如滄海之一粟，畢竟較難引人注目。

新聞局爲了不使國內出版界久久睽違這個世界著名的圖書饗宴，也爲了使國際出版界了解我國的出版事業，自去年起開始補助國內出版業組團參加法蘭克福書展。「臺北出版人」（Taiwan Publishing Community）雖是一個不得已的名稱。但臺灣的書籍畢竟開始有規模地展現在法蘭克福了。

去年國內只有十八家出版社參與，展出面積也只有九十平方公尺，今年則已增加到四十七家出版社，整個「台北出版人」在四號國際館的面積也增加到兩百平方公尺了。

新聞局今年也更積極，除了在十月三日晚上邀請全體參展代表與德國當地出版業者舉行聯誼酒會外，並在十月五日下午於書展會場舉行一場研討會；由國內去的李子文教授、賀德芬教授與許鐘榮先生以「賣版權到臺灣」爲題，分別向外國業者報告臺灣著作權法的實施現況，和政府對保護著作權的努力，以及臺灣出版同業投入國際市場的經驗和發展，力圖掃除我國以往在國際上享有的「盜印王國」的惡劣印象。

撇開這些逐步的努力不談，從書籍的印刷、製作而言，我國出版品在書展中比諸他國並不遜色，然而筆者認爲限於文字的隔閡，中文書能打入國際市場的，除了藝術、園藝、食譜及兒童塑膠書外，其他並不多見，此次我國參展圖書也多以這類圖書爲主。

因此，國內出版界如欲開展國際市場，是否有必要像日本的「講談社」一樣，另外成立一個「講談社國際公司」，專門出版以英文撰寫有關日本文化、藝術、歷史等方面的書籍呢？這是進軍國際的另一條道路。

好在出版業者來到法蘭克福，不僅展示了自己書籍，也同時開拓國際出版品的中文版權，因此書展期間頻頻出擊，與外商洽談，聚會不斷，因此收穫也不可謂不大。

然而除了這些有形的收穫外，能見識了如此文化氣勢萬鈞的書展，並觀摩同業間的出版成果，這將大有助益於爾後的經營理念和宏達的世界觀罷！

（原載自由青年七三六期79年12月）

世界書籍文化的饗宴

——法蘭克福國際書展

每年固定在十月的第一個星期三揭幕的世界最大書展—法蘭克福國際書展，今年第四十五屆亦將於十月六日至十一日在德國法蘭克福舉行，國內出版界已組成「臺北出版人」一百餘人，赴德參展並觀摩。

法蘭克福國際書展規模之大，可由今年大會發布的統計顯示出來：今年第四十五屆書展有六個館（每個館有二—四樓層，每層有世貿中心展場那麼大），展場面積大概是國立中央圖書館全部九層樓板面積的三倍之大。參展單位共有來自九十五個國家的六千一百零二個出版單位或書商，其中以地主國德國的二千一百三十八家最多，其次是英國的八百五十九家、美國的七百二十二家等，可見此國際書展呈現的仍是強大的歐美勢力。不過，近年來東方國家亦已逐漸參與此出版盛會；一九九〇年的書展，還以日本爲主題館！

今年展出圖書共計有三十五萬五千四百四十種，而去年參觀書展的人數也達到二十四萬六千餘人。法蘭克福書展規模如此巨大，如要每個攤位均瀏覽性地走過、看過，恐怕亦需三、四天的時間。

法蘭克福因爲靠近發明活字印刷術的谷騰堡（Johannes Gutenberg）的故鄉美因茲（Mainz），自古以來印刷業即很興盛，在十五、六世紀即經常舉辦德國及歐洲區域性的書展；十七世紀以後，德國重要圖書出版行業雖然一度轉往東德的萊比錫，但戰後由於法蘭克福的交通樞紐位置，以及傳統的文化氣息（這裡也是文學家歌德的故鄉），使法蘭克福自一九四九年起再度舉辦國際書展，以維持戰後陷入鐵幕的萊比錫國際書展的傳統。

四十五年來，由於出版、印刷業的進展，在法蘭克福可以看到的，就是世界知識文化的結晶—像今年法蘭克福書展的主題是電子出版品，即專題介紹資訊媒體的變化，如許多光碟、電子圖書等電腦產品，都正在改變出版文化。

而事實上，法蘭克福也早已不是單純的傳統書展了，其他圖書裝訂、印刷廠商以及海報、明信畫報、月曆、藏書票……等等亦在會場佔有不少空間，滿目琳瑯，眞可說是有關書籍、印刷、和科技媒體的一場知識的饗宴了。

今年國內還是以「臺北出版人」（Taiwan Publishing Community）名義參展。根據以往經驗，我國參展圖書大部分偏重於藝術、民俗、食譜及兒童圖書等，這些也都是比較容易賣出外國版權的。今年新聞局亦將於書展期間舉辦一場「中華民國出版業介紹」的演講。

法蘭克福書展雖是以書商之間的版權交易爲主，但如此文化氣勢雄偉的書展，應是值得出版業者，甚至於一般愛書的人前往一睹盛況的。

（原載中央日報82年10月6日讀書版）

無酸紙上立宣言

七十八年四月十六日中國時報消費版報導國內主婦聯盟今年正積極推廣文化用「再生紙」，使印製書籍的紙資源能夠回收兩次使用，以搶救瀕臨濫伐的森林和爲廢紙找個家；國內似乎也有幾位作家和出版社響應這項提倡。

我們也看看，最近美國一些作家和出版社的類似活動，不過他們的目標雖略有不同，但卻可以說眼光更具深遠。

三月七日，四十六位美國作家和三十九家出版社代表群集紐約公共圖書館，共同簽署一項劃時代的宣言，內容是爲了保存當今的印刷文字及維護國家的文化遺產，他們承諾在其出版或印行之精裝圖書的第一版次，將使用無酸紙張。此項舉動，是由作家芭芭拉．戈登史密斯女士（Barbara Goldsmith）所發起的。戈登史密斯也是紐約公共圖書館的董事，一向重視書籍的維護，去年即和其電影導演先生貝瑞（Frank Perry）捐助一百萬美元給圖書館成立戈登史密斯貝瑞保存實驗室，專門將圖書館一些面臨破碎，毀損的圖書資料製作成縮影微捲。但她認爲這不是治本的方法，要使當今書籍得以流傳後世，唯有改善印刷用紙，多使用無酸紙張（Acid-Free Paper）才能長久保存珍貴著作。

原來自從兩千年前中國發明紙張後，古法製紙原料都是由亞蔴布、棉布以及其他植物的廢料而來，這些天然原料的細胞化纖維能在水裡分離，處理、乾燥之後就成爲緊密交織的紙張，有著堅韌耐久傳世的質地，因此中國的古書，只要保存得法，常可留存千年而不變其質，故宮的字畫、中央圖書館的善本書就可資證明。然而十九世紀中葉以來，紙張需求大增，一方面科技也增進迅速，講求高速化、化學化的西洋現代造紙術，不僅使用了較爲廉價的木材纖維，使得紙張壽命只有五十年，而且在製造過程中還添加了松香皀、滑石粉和硫酸鋁等酸性物質，使得紙張一沾濕氣，就會起分解作用，在相當時間後就會碎裂、殘破。

酸性紙張所印製的書籍，壽命只有四、五十年，如果維護不當，或許不到二十年就會使紙頁腐朽了。日常我們或許不覺得有什麼嚴重性，但如果從一所歷史較久的大型圖書館來看，你就會警覺到這是一場文化的浩劫——美國國會圖會館擁有近二千萬冊圖書，但因歲月而自然破損的圖書，已超過六百萬冊，其他如紐約公共圖書館，哈佛圖書館等一八五〇年後出版的圖書，也有半數呈現腐朽現象。國會圖書館爲了搶救這些瀕臨滅亡的圖書，每年花費五百萬美元以上在保藏維護的計劃和工作上，所使用的方式包括大量除酸法、單頁除酸法、冷藏法等等，並發展光碟儲存法來轉移資料的型態，這些都是需要高度科技的方法，國會圖書館還特別錄製了這些保存技術說明的錄影帶，供其他圖書館參考，但不管採用那種方式，都是相當費時費錢的。

因此，現在使用酸性紙張的書籍，不久的將來都會變質毀損的，我們後代子孫，或許也跟我們一樣，要花費很多時間和經費搶救我們這一代的文化。因此，何不現在就開始儘量使用無酸紙張了；——這應是戈登史密斯女士的想法。當然，歐美國家發展無酸紙已有幾年，有些重要經典著作，像維京出版社（Viking Press）出版的「美國文庫」（The Library of America）就是採用抗酸紙張，可維持五百年壽命，一般教科書也有四分之一或五分之一採用無酸紙，但總是不夠普及，有待作家和出版社共同提倡，響應這種文化傳續的任務。

參與戈登史密斯這項簽署活動的作家，包括科幻、科普作家亞息莫夫（Isaac Asimov）、寫「詹森傳」的卡羅（Robert Caro）、寫「克拉瑪對克拉瑪」的柯曼（Avery Corman）、寫「黛西公主」的珂琳絲（Judith Krantz），還有以「午夜情挑」、「朱門恩怨」、「天使之怒」聞名的薛登（Sidney Sheldon）……等等，眞是名筆雲集。而最重要的是出版社要能響應這項舉動，這次幾家有名的出版社，如雙日公司（Doubleday）、克諾普夫（Alfred A. Knopf）、麥格勞希爾（McGraw-Hill Inc.）、麥克米倫（Macmillan）、蘭燈書屋（Random House）、塞門舒斯特（Simon & Schuster）時代公司（Time Inc. Book Company）……等皆列名以內，而出版學術書籍的大學出版社亦有哥倫比亞、康乃爾、哈佛、俄亥俄、普林斯頓……等校參與。全部作家和出版社名單，紐約時報三月十六日曾予登出，「圖書館雜誌」（Library Journal）四月十五日這一期亦刊出其名冊，以示敬意；「圖書館雜誌」並將促請美國圖書館協會的資源及技術服務委員會發起「全國保藏週」（National

Preservation Week）的運動。

三月七日的簽署活動中，紐約公共圖書館保藏部主管貝克（John P.Baker）亦展示對比的兩部圖書，以提醒大家的注意：一部是一四八二年在威尼斯印製的歐幾里得的「幾何學」，雖然距今五百年，紙張卻依然彈性滑美；另一部是一九二五年在米蘭出版的義大利著名作曲家帕萊斯特里納（Palestrina）的傳記，這本書卻已奄奄一息，皺縮易碎了，貝克解釋這本書已拍成微捲，但原始典籍的文化卻即將毀壞了。

無酸紙張不僅可以維持長久歲月，也較少對環環產生污染，雖然價格和製造過程，使得其發展緩慢，但如果經由作家和出版社的大力宣導，能夠因用量增加而帶動生產方法的改良，應可達到降低成本的效果，最重要的是能使人類智慧的傳播得以爲繼。因此，參議員培爾（Claiborne Pell）最近也重申其經由十九位議員發起的將使用無酸永生紙訂爲國家政策的議案。

國內現在的出版品大多是遷台後才出版的，似乎還未看出書籍大量毀壞，文化無以延續的危機，但看看國外的情況，或許應可帶給製紙業界和出版界一些未來啓示錄罷！

（原載中國時報78年6月5日開卷版）

重建鉛字的魅力

日本較為敏感的文人，最近常感慨現在是所謂「遠離鉛字的時代」。所謂「遠離鉛字」，是指由於現代的電影、電視、MTV、KTV……等等科技媒體進步、普及，使得年輕人都不太讀書和閱報了。人們逐漸習慣從聲光動影中獲得資訊，以往日本民衆普遍在電車、地下鐵車上閱讀書刊和報紙，現在也漸漸被漫畫所取代了。

日本的有心之士不禁憂慮這種現象，將會使人類思維的功能，逐漸喪失像過去的光輝。

這種情形在美國似乎也是如此，青少年沉浸於五光十色的娛樂媒體，已逐漸疏遠了閱讀，即使是閱讀休閒性讀物，也常被身邊的隨身聽、CD等分去了不少思考。

許多教育專家對這種現象非常擔憂，因為近幾年許多報告都指出，美國兒童在許多學科測驗，常落後於其他已開發或開發中國家。

身負社會教育重任的圖書館界也認清到這種現象，因此冀望以提倡各種對圖書館和圖書的認識，來挽回青少年對閱讀的興趣，以免自古以來即為知識、經驗傳遞最重要媒介的典籍，在這個時代受到冷落，而令文化的傳承受到斲喪。

所以，圖書館界每年舉辦圖書週、圖書館週等活動，美國國會圖書館也在一九八九年發起「一九八九——青少年讀者年」這個全年性的活動，號召各企業、圖書館、學校共同響應，提倡青少年讀書風氣。

與圖書館非常有關係的出版業及圖書銷售行業，也相當關心這個問題，畢竟青少年的閱讀風氣與他們的生存息息相關。美國有名的圖書代理商「貝克和泰勒公司」（Baker & Taylor Books Company），最近便為圖書館界推出一種「青少年圖書展示計畫」，以協助公共圖書館或學校圖書館推展讀物的吸引力，挽回逐漸失去的青少年讀者群。

「貝克和泰勒公司」是美國及國際有名的圖書代理商（我國亦有不少圖書館是其客戶），其對圖書館所推展的各項增進讀書風氣的活動，一向均十分支持。

「貝克和泰勒公司」自一九八三年起，就以兩隻蘇格蘭貓，作為公司的標幟及吉祥物，更經常以這兩隻貓蜷伏在圖書旁邊拍成各種宣傳海報，一方面為公司打廣告，一方面也鼓勵人們多接近好書。

「貝克和泰勒公司」這次為圖書館規劃的「青少年圖書展示計畫」，是與美國圖書館協會的「青少年服務組」——簡稱YASD/ALA共同合作的。

由YASD/ALA的圖書專家，選出適合青少年閱讀的平裝書（通常是內容通俗有趣，且封面活潑吸引人的），再由「貝克和泰勒公司」分類成組，置於經裝飾設計的展示架，廉價賣給圖書館或學校，以吸引青少年的眼光或好奇心來翻閱這些書；也就是說，「貝克和泰勒公司」爲圖書館或學校做了圖書展覽、推廣的工作。

這些展示架，有多種模式，例如其中一種模式是「貝克和泰勒公司」設計了一組五種展示架，分別置放青少年最有興趣的「恐怖」、「偵探」、「愛情」、「運動」、「科幻」等五類圖書，每個架子有十二格，可放十二種該類值得介紹給青少年閱讀的書（相同的種類可放三冊，以供更多人使用）。這種展示架賣美金一一九元，成組五種則賣四九五元，另加上書標、標籤等指引用的附屬用品。

而另一種模式的展示架，是以熱門圖書來區分的，如標示「熱門精華」、「美國二十大熱門書」等，甚至於有「免費借閱」的標示（可能是有些青少年壓根兒沒在圖書館借過書，以爲借書是要錢的，故不得不提醒之）。

從「貝克和泰勒公司」發行的目錄看來，這些展示架可擺二十種圖書。不管那種展示架，上頭當然都有精美的圖案設計，再加上架子上琳琅滿目的書籍封面，且又是青少年有興趣的題材，的確可吸引不少青少年讀者，達到使他們開始閱讀、接觸書籍的第一步。

這些展示架，當然要放在圖書館的青少年部門或圖書出納部門的附近，甚至於學校中青少年經常休閒、流連的地方。

當然，圖書館和老師也要配合一些行動才能收到效果，如對讀者或學生廣爲宣傳，並請大家告訴大家；請當地傳播媒體報導此事，並請報紙印上展示的書單；請父母親廣向孩子宣導；圖書館或學校也可展示各有關圖書評介的文章，並鼓勵學生參與評鑑圖書的內容，舉辦圖書排行榜投選……等等，總之，各項後續的衍化推展工作，還是得靠圖書館及學校本身來進行，這項計畫成效才會更大。

「貝克和泰勒公司」的這項「青少年圖書展示計畫」，無非是企業回饋客戶及社會，並兼顧自身業務生存及發展的兩全企畫，值得國內相關的圖書行業參考。

（原載自由青年七三八期80年2月）

圖書館之友禮券

發行圖書禮券是出版社或書店促銷圖書的一種方式，其實，就送禮者而言，送人圖書禮券可說不僅禮「輕」情義重，也是促進社會讀書風氣的最好方式。

然而贈送圖書禮券，受惠者畢竟只限於個人，美國里德參考書出版公司（Reed Reference Publishing）最近開始發行一種「圖書館之友禮券」（Friend of the Library bonds）則是專門用來送給圖書館的。這種禮券共分美金一〇〇元、二百五十元、五百元、七百五十元、一千元等幾種面值，想要贈書給圖書館的單位或個人購買這種禮券，在禮券上署名，並簽上要贈送的圖書館名稱，圖書館持券向里德公司購書，不僅不用附加稅金，還可享有二〇%折扣。爲了對這些熱心捐贈圖書的圖書館之友展示謝意，用這種禮券購買的圖書，都會附上一張特別的藏書票，記載捐贈者的名字，貼於書內，以茲紀念。「圖書館之友禮券」也不僅只可購買圖書，其他里德公司發行的光碟片、縮影微片等也可折換訂購。

里德公司其實是一個著名的跨國性出版集團，總部設在倫敦，旗下擁有著名的鮑克公司（R.R.

Bowker Company——在美國，以出版各種書目性參考工具書聞名世界，也是美國國際標準書號的執行單位）、馬奎斯名人錄出版公司（Marquis Who's Who）、布德沃斯出版公司（Butterworth）、紹爾公司（K.G. Saur）……等出版社：一九九二年又和荷蘭著名的艾澤菲爾出版集團（Elsevier N.V.）合併，更成爲世界最大的出版企業，資本額超過九十億，歐美各地子公司員工總額達兩萬五千人。據本年三月十二日英國「出版商雜誌」報導，其去年總營業額達四十二億美元，是世界第七大媒體公司（此「媒體」包括圖書、影片、電視、音樂帶行業；美國的時代華納公司即以一百二十億美元的營業額居首，日本NHK三十八億美元則居第十位）。

以里德公司如此龐大的出版企業，圖書館可以購買的圖書種類——尤其是參考工具書是非常多的，不愁選不到自己需要的好書。

我們平常送書給圖書館，常是家長或自己不需要的藏書，雖然或許也有不少珍貴典籍，但有時也不免不甚符合圖書館的需求（如圖書館已有了啦，或者不是圖書館的蒐藏重點啦……），因此，如果眞要嘉惠圖書館，購買這種禮券，成爲圖書館之友，倒也不失爲一種好方法，國內的出版界，何不也試試？

（原載聯合報82年7月29日讀書人版）

第三輯

圖書出版乃思想之巨砲

——畢爾斯特（Pierre Claude Buast），

法國辭典編纂家——

美國出版界的書目中心——鮑克公司

美國的出版社中，以出版參考工具書爲重要業務，且與圖書館或圖書館學息息相關的很多，如ABC-Clio, Inc.、R.R. Bowker Company、Gale Research Company、G.K.Hall & Company、Libraries Unlimited、Marquis Who's Who,Inc.、Rowman & Littlefield、K.G. Saur Publishing, Inc.（總公司在德國）、Scarecrow Press, Inc.、The Shoe String Press, Inc.、H.W. Wilson Company等等。這其中最爲著名且最爲國內圖書館同道所熟悉的是鮑克公司（R.R. Bowker Company）和威爾森公司（H.W. Wilson Company）。威爾森公司的出版品和威爾森先生一生的事業，彭歌先生在「愛書的人」（六十三年純文學出版社印行）一書中已有詳盡的介紹，本文旨在報導鮑克公司的歷史和其經營、出版狀況。

以「書」為中心的鮑克公司

威爾森所創辦的公司是美國有名的專門出版書目、索引的公司，尤其是它的各種期刊論文索引，更是蜚聲國際。以目前而言，威爾森公司也是以索引見長，但若只是以書目而言，它是比不上另一家也是世界聞名的鮑克公司（R.R. Bowker Company）。在今天，鮑克公司是美國甚至全世界資料出版的心臟，它每年所印行的「出版圖書目錄」Books in Print,（簡稱BIP）、「出版商行業目錄年刊」Publishers' Trade List Annual（簡稱PTLA）、「烏瑞克國際期刊指南」、（Ulrich's International Periodicals Directory）等書目、指南，以及「出版家週刊」Pubishers Weekly、「圖書館雜誌」Library Journal等等期刊，都是全世界聞名的；每年幾乎有上百萬的出版商、代理商、圖書館員、研究人員、一般讀者在利用這些參考工具書或雜誌。即使在我們臺灣，只要你走進規模較大的圖書館的西文參考室，你也會發現鮑克公司的出版品，佔了很大的比率。國內從事代訂西文圖書期刊的代理商，辦公室內也莫不擺著成套的BIP、PTLA等。

鮑克公司在一九八四年出版了七十二種圖書（已出版而尚在發行中的則有三百多種），平均五天即出版一種，這或許並不稀奇，只是這些圖書大都是厚達千頁以上，甚至於是一套數大冊的參考書，這才叫人驚嘆。這些參考書又以各種資料媒體（包括圖書、期刊、縮影片、視聽資料、電腦軟體等）的書目爲主，其他則是有關圖書市場、圖書館的指南、概況等；因此，幾乎都是以「書」爲中心的參考工具書，莫怪它成爲美國出版界的書目中心。

鮑克公司在美國成立的時間也比威爾森公司早，而它在美國出版史上有兩項值得一提：第一，它與威爾森公司分享今日參考書出版王國的盛譽；第二，它在一八七三年創立的「出版家週刊」是第一份報導圖書消息，溝通出版社、作家、讀者之間橋樑的刊物，至今天仍是文化界、出版界、圖書館界極為聞名而重要的刊物。

然而鮑克公司之有今天以報導出版消息、提供資訊服務、增進資料媒體的利用，並保持與時代共進的經營規模，不能不追溯公司的兩位創辦者——雷葆特（Frederick Leypoldt）和鮑克（Richard R. Bowker）兩位正直、誠篤而又對出版事業抱持理想和熱心的出版工作者。

雷葆特——營業書目的開始

雷葆特生於一八三五年，原是德國書籍文化中心斯圖特嘉人，父親是一個富有的肉商，希望兒子也能繼承他的工作，但是雷葆特的興趣卻在文學和戲劇方面，對圖書文化事業也極為狂熱。因此他在一八五五年移民到紐約試圖開創自己的事業。他先在一家書店幹了兩年學徒，學了不少有關書店經營的工作。後來他到費城去另闢天下，最初他做的是從歐洲進口圖書到美國的工作，不久因為南北戰爭爆發，書籍的進口因為戰亂的關係受到很大的限制，加上價格高昂，使得許多圖書館停止自外國訂購圖書，他才改為從事國內圖書的經營，另外，他也翻譯、出版一些歐洲各國的著作。雷葆特經營出版業，有一項堅定的立場，就是寧可提高、維持出版品的水準，也不願採取以粗製濫造的書籍來廉價傾銷。

一八六四年，他感到費城在美國文化中心的地位已逐漸式微，乃又搬回紐約，與一位耶魯畢業生霍爾特（Henry Holt）合組一家圖書公司。由於多年經營圖書事業，他深深感到當時出版商、書店之間對出版消息的流通不夠密切，出版品也沒有完整、妥善的紀錄，而一般讀者或圖書館也很不容易有完整的出版資料可查；雷葆特乃有編印一些有效的目錄工具來幫助出版商、代理商或一般讀者的構想。一八六八年，他初次印行「文獻公報」Literary Bulletin，首先開闢「當代文獻每月紀錄」專欄，專門設想爲各出版社刊載出版新書書單。這份刊物印行後即銷售了三萬份，成爲美國出版消息流通的媒介。這以後，雷葆特的興趣一頭栽進於書目的編印了，他將公司的圖書部門讓給霍爾特去經營，自己乃專心從事編印這種所謂的營業書目（Trade Bibliography）。一八六九年，他又出版「美國教育圖書目錄」American Education Catalog，是當時學校教科書的書目（這部目錄，就是今天鮑克公司每年印行一次的「教科書出版目錄」EL-HI Textbook in Print的始祖）。

一八七〇年，雷葆特將一八六九年各期「文獻公報」的每月紀錄彙編成「一八六九年美國書目」American Catalogue for 1869，這是以年度爲劃期的全國書目的開始。

鮑克—出版家、作家、編輯、圖書館事業的支持者

一八七二年，一位與雷葆特同樣對出版事業具有理想而又充滿改革熱情的年輕人加入雷葆特的公司，成爲他的工作伙伴，甚至於以後曾經挽救公司的危機而且奠定今日鮑克公司基礎的，他就是李查・羅傑斯・鮑克（Richard Rogers Bowker）。鮑克的才華和興趣，似乎比雷葆特寬闊，有關他的介

紹，許多傳記書或百科全書第一句話就說他是「出版家、作家、編輯、圖書館事業支持者、政治改革家……」。而他的名字也與美國出版史和圖書館史分不開，今天的圖書館書架上，到處可看到「Bowker」的字眼印在書脊的下方。

鮑克於一八四八年生於麻州，父親本是正當而富裕的商人，可是不幸受到一八五七年經濟蕭條和不景氣的影響，導致他事業的失敗，使他全家遷移紐約，想要在那兒東山再起，可是在紐約，老鮑克的事業依然沒有起色，使得他放棄原先送他兒子進哈佛大學的計畫，而改入當地一家學院。鮑克在學校中即表現了領導的性格和能力，以及對新聞工作和政治的興趣，他是學校刊物的創辦人和主編，他也實際參與採訪、校對、排版等工作——這些經驗，使他有機會與專業的新聞工作人員有所接觸；因此，他在學生時期就有機會爲當時的紐約晚郵（The New York Evening Mail）撰寫一些報導；甚至於畢業後就加入該報的工作行列，一八七〇年，他成爲該報的文學版編輯。鮑克也經常在美國各有名期刊、報紙撰寫了許多評論性文章，大約是文名四播的關係，一八七一年底，雷葆特特別邀請他爲次年即將創刊的出版家週刊撰寫有關美國文獻的評論文章，這是鮑克初次參與雷葆特的工作。

出版家週刊和PTLA系列書目

雷葆特爲了使新書資料的消息流通更爲迅速，也爲了展現他對圖書事業的理想，因此在一八七二年創刊了一本叫做「出版家和書商行業週刊」Publisher's and Stationer's Weekly Trade Circular，這份刊物的理想不僅要有新書報導，也要對書商的日常工作有實際助益，同時也要作爲對出版商、書商職業教育的一個工具。因此這將不僅是書目的編輯工作而已，也要報導各種出版界的動態和發展以及撰寫書評等——鮑克就是受邀來爲這份刊物效勞。一八七三年，這份刊物改名爲至今仍然赫赫有名的「出版家週刊」Publishers Weekly。

一八七三年，雷葆特又蒐集了美國所有重要出版公司的出版品目錄，依照出版社的字母順序排列，印行了「標準行業目錄年刊」Uniform Trade List Annual，次年改名爲「出版商行業目錄年刊」The Publisher's Trade List Annual——簡稱PTLA。——PTLA等於是各出版公司目錄的合訂本，如果想知道某一出版社出了什麼書，可查閱本書。但是對只知道書名或作者的書籍，想要查尋它的其他書目資料，如出版社、價格、裝訂等，PTLA就無能爲力了，因此後來鮑克公司乃在一九四八年新編印了「出版圖書目錄」Books in Print，簡稱BIP，乃是將PTLA所收的圖書全部打散，再重新分別依照書名的字母順序和作者的字母順序排列，因此BIP本身即分爲兩種，一是按作者順序排列，一是按書名順序排列，以一九八四—八五年度的BIP而言，共計六大冊，其中BIP-Author和BIP-Title各三冊。由此看來，BIP其實也就是PTLA的書名和著者目錄。一九七五年開始，鮑克公司又增編了BIP的主題目錄，謂之Subject Guide to Books in Print，乃是按各主題區分排列的。——因此，PTLA、BIP、Subject Guide to Books in Print是同樣的內容，但因排列方式不同，合起來就是一套有各種查檢途徑的綜合性書目了。舉個例說，我們要查檢雙日公司（Double Day Compnay）有什麼圖書是在出售中，（所謂「出售中」"in Print"指非絕版"Out of Print"，包括新書和仍然繼續在發行中"available"的圖書），就要查PTLA。如果想要查閱里奧．巴斯卡力今年度在發行的圖書有那些，自然得查BIP-Author部份；如果想查有關「美國歷史」有那些圖書，就必須查閱Subject Guide to BIP了。

PTLA、BIP、Subject Guide to BIP至今仍是鮑克公司每年最重要、最具代表性的出版品之一，也是出版商、代理商、圖書館員等最常使用的一套工具書；臺灣的西書代理也必備這套書。

對圖書館事業的支持

話說回頭，一八七五年鮑克由於厭惡紐約晚郵內部的勾心鬥角和人事管理的不善，乃辭去報社工作，正式加入雷葆特的公司，並且擔任「出版家週刊」的編輯——這以後，他除了有短暫時間到英國外就不曾脫離這份週刊。

雷葆特本人除了對書目工作充滿興趣和幹勁外，說實在的，對商業和公司的管理並不在行，而鮑克以他在學校的領導管理能力，自然能逐漸參與一些公司發行和其他編輯工作，甚至於公司的決策。而鮑克從事新聞工作的廣泛觸角和經驗，也使得他把一些政治、社會問題帶進圖書的世界。他經常在「出版家週刊」撰文倡導書籍的郵購制度和出版業間彼此合作的問題，他也極力鼓吹國際版權和著作權應訂立條例，（由於他的呼籲，終於促使哈里遜總統在一八九一年批准了第一次的美國著作權法），他本身也擔任美國著作權聯盟的執行委員兼副總裁。另外，鮑克對圖書館事業的支持也不遺餘力，他極力主張圖書館事業應該專業化，因此在一八七六年，他和雷葆特以及杜威（Melvil Dewey，有名的杜威十進分類法發明人）共同號召成立了美國圖書館協會（American Library Association——簡稱A.L.A.），並由公司創辦了一份圖書館學的專業雜誌，那就是著名的「圖書館雜誌」Library Journal。一八七六年是美國圖書館史上光輝燦爛的一年，而這份燦爛則有鮑克和雷葆特他們的卓見和心力在內。鮑克更是所謂的圖書館之友，他是A.L.A.極爲活躍的會員，服務大會超過二十年，有一陣子且是協會公共事務委員會的主席，七十歲以後則是協會的榮譽會長。鮑克也認爲圖書館事業要專業化，首先圖書館員就要專業化，因此他曾經影響美國總統麥金萊（Mckinley）指定圖書館專家普特南（Putnam）出任美國國會圖書館館長，取代了原先被考慮的另一位政客型候選人。鮑克也曾捐助一萬美金給國會圖書館作爲基金；在他所居住的布魯克林，他也協助成立布魯克林圖書館。在「圖書館雜誌」上，他經常撰文勉勵圖書館員應承擔啓蒙社會的責任，圖書館員與新聞工作人員一樣都應關心社會甚至國際事務，並與社會的腐化、墮落奮鬥。

鮑克公司的正式定名

雷葆特和鮑克及杜威共同創辦的「圖書館雜誌」發行後，卻連年虧損，這不僅是因爲口碑未開，而且這份雜誌雖然掛名雷葆特爲發行人、鮑克爲總編輯，但是執行編輯杜威卻遠在波士頓，作業不能一貫統整，加以杜威做事緩慢又不小心，而且還要求要分配雜誌收入的百分之二十。圖書館雜誌因此成爲公司極爲沈重的財務負擔，使它有一陣子幾乎要暫時休刊，後來還有陣子合併到「出版家週刊」去。一八八〇年才在大衆反映下恢復獨立出刊。一八八一年，杜威雖然離開圖書館雜誌，改由克特接任，但雜誌狀況仍然未見起色，直到一九三〇年代，才站穩了腳步。除了圖書館雜誌，雷葆特初期印行的書目銷路也不算好，加以他不善人事和財務的經營，因此公司的狀況逐漸惡化。一八七八年，雷葆特將「出版家週刊」以五千美元賣給鮑克，但是鮑克一八八〇年曾到倫敦擔任哈潑（Harper）雜誌的駐英代表，他又將週刊租回給雷葆特。雷葆特的財務狀況卻一直未曾好轉，加以工作過度，終於積勞成疾，於一八八四年病逝。雷葆特算是鞠躬盡瘁於書目編輯工作，這還不算，在他死之前幾年，由於健康和財務的關係，連他的夫人也必須投入公司的工作去幫忙。雷葆特夫人曾經寫信給鮑克說：「雷是充滿活力的工作者，但我不認爲他了解商業是什麼」。她也曾說：「在我們家裡，連餐桌也儘是紙張、卡片、稿子……」。編輯書目或是工具書是吃力不討好，甚至是利人而害己的工作，但是雷葆特這種精神卻帶給爾後鮑克公司一種工作的傳統和楷模。

雷葆特死後，鮑克從倫敦回來，重新接掌「出版家週刊」的編務，同時他與雷葆特夫人決定繼續雷葆特的書目工作，「圖書館雜誌」也仍然繼續發行。一八八五年，他們完成了雷葆特生前計畫的「美國書目」第二版，收錄一八七六至一八八四年的美國出版品。鮑克在這套書目上加上三項以前沒有，而他認爲對圖書館員很有用的資料，那就是聯邦政府出版品、州政府出版品、協會團體出版品。協會團體的出版品後來單獨印行爲「協會出版目錄」Associations Pubications in Print年刊。

鮑克接掌公司業務後，曾旅行了許多州，一方面實際了解各地對書目的需求，一方面也與一些出版界、圖書館界人士交換一些編輯書目的心得和經驗。而在公司方面，經過他一番整頓，業務逐漸穩定發展。及至一九一一年，雷葆特夫人當時雖已有足夠的財力買回「出版家週刊」和部分公司的經營權了，但她仍然願意由鮑克領導這個公司，因此她乃與鮑克在這一年正式合組公司，並正式定名爲「鮑克公司」（R.R. Bowker Company）。

在鮑克領導下，公司除了定期書目的編印外，也編了幾種現在仍然繼續在出版、發行的參考工具書，如一九二三年起的「美國圖書館指南」American Library Directory年刊；一九三二年由紐約公共圖書館期刊部主任烏瑞克（Carolyn Ulrich）負責編輯的期刊指南，後來也演變成當今鮑克公司有名的「烏瑞克國際期刊指南」Ulrich's International Periodical Directory年刊——這是國際性期刊目錄，也是查詢期刊的重要參考書。

各類型書目的出版

鮑克由於家族的遺傳，先天就有弱視，一九〇一年起，眼睛視力即逐漸惡化，及至一九一〇年就已告全盲，但他一般健康尚佳，一九〇二年，他還與艾莉絲．蜜契兒（Alice Mitchell）結婚，由於有他夫人的協助，使他眼睛全盲到他一九三三年病逝的二十多年間，他還能繼續領導公司，並且是「

出版家週刊」和「圖書館雜誌」的編輯顧問。

鮑克死後，公司歷經梅爾契（Frederic G. Melcher）、葛林（Louis Greene）及梅爾契之子丹尼爾（Daniel Melcher）等幾位對出版業均具有了解和經驗的人士領導之下，公司均能在雷葆特的工作精神和鮑克對社會、圖書館的關心之傳統下，努力配合時代的進步，開創新的業務。這期間鮑克公司出版的重要書目工具除了前面已提到過的BIP、Subject Guide to BIP外，爲了方便專門圖書館或專門學科人員的查檢、利用，還依學科出版各種書目，如「兒童圖書出版目錄」Children's Books in Print、「醫學圖書、期刊出版目錄」Medical Books and Serials in Print、「宗教圖書、期刊出版目錄」Religious Books and Serials in Print、「商業圖書期刊出版目錄」Business Books and Serials in Print、「科技圖書出版目錄」Scientific and Technical Books in Print等等年刊，這些資料也經常出版好幾年的彙編本。

「出版家週刊」每期的新書目錄專欄，後來單獨出版成「每週紀錄」Weekly Record，「出版家週刊」另開闢暢銷書排行榜；「每週紀錄」每個月彙編起來再按杜威分類法重新按類排列，就是「美國新書紀錄」——American Book Publishig Record簡稱BPR。BPR亦有年彙編本，它和BIP不同的是BPR單純是新出版的圖書目錄，而BIP等則是出版而且尚在發行中的目錄，只要能買得到，尚未絕版的，無論新舊書皆包括在內。BPR也出版五年彙編本和一八七六——一九四九；一九五〇——一九七七年的彙編本，其目的無非是在方便讀者查檢。

除了書目，其他重要的參考書還有「美國書業指南」（American Book Trade Directory、「文獻市場概況」Literary Market Place、「書業人辭典」Bookman's Glossary等等不勝枚舉，爲了賡續鮑克對圖書館事業的支持，公司也將圖書館學的書籍列爲出版重點之一。另外，除了「圖書館雜誌」外，又新創了「學校圖書館雜誌」School Library Journal。鮑克公司也對其他出版文化事業熱衷贊助，梅爾契就在一九二二年和一九三八年分別創設紐伯利獎Newbery Award——（獎助優良青少年讀物）和卡德寇特獎Caldecott Award——（獎勵兒童讀物的插圖）。鮑克公司於一九五〇年創設卡瑞——湯瑪斯獎Carey—Thomas Award——（此獎對書的考評是多方面的，不僅從書的內容，而且亦包含書籍的構想，作者和編者之間的合作方式、印刷，甚至於推銷方式等等都是評定的對象）。

一九六七年，鮑克公司爲了更大的發展，乃以一千二百萬美元代價併入於全錄公司，爲其教育部門集團之一，但公司名稱及經營方針皆未變動，反而因爲有大公司爲其後盾，一九七〇年代以後業務更加蓬勃發展——現在的鮑克公司，組織龐大，除了總公司在紐約外，在英國亦設立出版子公司，而在全世界重要地區亦設有代理商。總公司之下，設資料服務部、圖書部、期刊部、電子印刷出版部等。另外，在印第安那波利斯設有倉儲部門，讀者服務部門則位於密西根。（按：根據一九八五年九月廿日"Publishers Weekly"之報導，里德公司—Reed Publishing又已從全錄手中買下鮑克公司。）

電腦時代的鮑克公司

今天的鮑克公司既是整個美國乃至世界資料出版的心臟，它龐大的書目資料現在已必須以電腦建立成資料庫，它也與大約二十五家印行各種資料的公司保持聯繫，將他們每年大約四百五十萬的出版紀錄（包括圖書、期刊、電腦軟體、影片、磁碟、機器人設計等等各種資訊媒體）輸入鮑克公司資料庫裡，再列印出總計每年約有九萬五千頁的各種書目。因此，今天鮑克公司所印行的各種書目，除了傳統書和期刊的目錄外，還有「電腦軟體目錄」Bowker's Software in Print等等，指南及其他參考書方面也增加了所謂「微電腦市場概要」Microcomputer Market Place等多種，這些在在顯示多媒體時代的來臨。

鮑克公司不僅在提供各種書目媒體的訊息，而且也擔負起全國書目控制的責任，它的目的要做到只要任何一種資訊媒體，都能夠在鮑克公司的一種目錄中找得到（一九八五年甚至於也出版絕版書目錄—Books Out of Print 1980-84，似乎連絕版書亦要掌握其中了）。反觀我們國內出版界對資料的掌握就不夠嚴密，我們沒有新穎而充分的目錄來顯示我們的圖書及各種資料的紀錄，當然，我們更缺少各種專門學科的書目，這對資訊的傳播和學術研究都是一種缺失。本文介紹鮑克公司的開創和它的出版品狀況，無非是希望我們的出版界以後也能有這種理想，而另一方面，雷葆特和鮑克等能不懼出版參考書可能會帶來虧損而以秉持出版理想為奮鬥目標的精神，畢竟也值得我們尊敬和借鑑的。

參考書目

1. Allen Kent:"Encyclopedia of Library & Information Science" V. 3. 1970, Marcel Dekker, Inc.
2. Bohdan S. Wynar ed.:"Dictionary of American Library Biography" 1978, Libraries Unlimited. Inc.
3. Tebbel, J. William:"A History of Book Publishing in the United States"V.2-V.4, 1972, R.R. Bowker Co.
4. Stern, M.B.:"Books and Book People in the 19th Century America." 1978, R.R.Bowker Co.
5. 藤野幸雄編，圖書館を育てた人々——外國編Ｉ—アメリカ，1984年，日本圖書館協會印行。
6. 彭歌著，愛書的人，民國63年，純文學出版社印行。

（原載國立中央圖書館館刊19卷1期75年6月）

圖書出版國際化的路在那裡？

——看日本講談社提供的一面借鏡

七十七年十月三日的開卷版，以「跳出古井，看更大的天—不做國際圖書博覽會上的缺席者」爲題，探討我國參加國際書展的問題，意義深遠。

而就更寬遠的角度來看，出版界參加國際書展，應只是拓展文化交流的一個短程目標，在國際出版社會中，眞正要佔有一席地位的，唯有圖書出版的國際化。

每年參加法蘭克福書展的漢光文化公司發行人宋定西先生，年初在一份雜誌上就爲文呼籲出版事業應儘速介入國際社會。他認爲目前國內出版界引介外來文化不遺餘力，對於文化輸出則向來不太經心，這種單向的文化輸入，不僅使本國文化有逐漸斲喪的危機，出版事業亦將囿於小局，難以脫胎換骨。

宋定西所領導的漢光文化公司因此漸注意於斯，近年來不僅出版英文版《中華民國概覽》（Republic of China, Reference Book），還將〈現代中國料理〉〈篆刻藝術〉等交由日本出版社譯印，打入日本市場；〈漢光食譜〉亦將發售法文版權，這些都顯示該公司已在開拓國外市場，傳送本國文化於世界。英文版〈中華民國概覽〉，亦已被選入一九八八年度〈美國參考書年鑑〉(American Reference Books Annual）之中，而ARBA是美國各圖書館選購參考工具書的範典，能說影響力不大嗎？

由此，我們想到日本最大出版社之一的講談社，它在將出版事業介入國際社會上的作法更是積極。爲了推展日本文化於世界，該社於一九六三年特別另外成立「講談社國際公司」(Kodansha International Ltd.)，專門出版有關日本文學、歷史、藝術……等文化方面的英文書籍。一方面開展公司業務，一方面也以世界共通的語文—英文書籍來增進日本文化在各國的被認識和被了解。當然，講談社能有如此魄力和眼光，不得不推溯到它有長遠的歷史和雄厚的事業基礎，—講談社是野間清治先生在明治四十二年（西元一九〇八年）所創，以雜誌起家，是大正時期及昭和初期日本的雜誌王國。講談社所創辦的九大雜誌，在昭和六年（一九三一年）中一個月發行的總數即達五百二十九萬冊，佔全國雜誌發行總數的82％。二次大戰後，講談社雖然一度在戰後艱困中瀕臨破產邊緣，但靠著第四任社長野間省一的奮鬥及現代化管理，終究重新站起。目前講談社業務雖然仍以雜誌較重，發行四十幾種週刊、月刊、季刊等，但圖書出版數量亦執日本出版界之牛耳（一九八六年統計，出版圖書一、四二四種，遙遙領先第二名的角川書店五四七種和第三名的旺文社四七四種）。

野間省一不僅將講談社從危機中挽救回來，他也將講談社推向國際化。他認爲「國際化的日本」

是日本各行業生存條件之一，出版業也是如此，因此，在一九六三年成立「講談社國際公司」，總公司在東京，分公司在紐約，專門出版英文書籍，介紹日本文化，以傳播世界各地（最有名的一套書應該是一九八三年出版的英文版日本百科事典了）。野間省一也曾在一九七九年挑選講談社國際公司出版的兩百種英文書籍，成套稱之【野間珍藏】，分送亞非十個經濟落後國家的國立圖書館，作爲文化交流之用。

「講談社國際公司」的出版目標，即在推介日本文化，讓西方人了解日本、認識日本，故編輯部門經常聘用通曉日本文化的外國人是一定的。本年二月，美國《出版家週刊》還登載前雙日公司（Doubleday）的執行編輯包克爾（Leslie M. Pockell）出任講談社國際公司的編輯部主任——這是二十多年來第一次由富有美國出版經驗的人領導講談社國際公司的編輯業務，顯示講談社對跨文化資訊的需求更在增加。而包克爾曾在日本兩年，且娶日本人爲妻，對日本文化有所了解，在此背景下，編輯出版的圖書將更能適合西方社會。

講談社以其日本最大出版社之角色，卻仍不自滿自足，而又開拓傳輸本國文化的業務，實有其出版企業的擔當。——的確，目前世界上許多國家因生活習俗之不同及文化背景之差異，而引起的隔閡及戰亂，唯有多靠文化交流才能消除，也才能進一步互相了解、合作。而身爲傳播文化資訊最重要角色的出版業，對此點倒是應該加以深思的。

（原載中國時報77年11月14日開卷版）

《出版家週刊》印行國際版

美國最著名的圖書出版雜誌「出版家週刊」（Publishers Weekly——簡稱PW）已自今年起發行雙月刊的國際版，取名爲"PW International"。

出版家週刊是有名的書目參考工具書出版社「鮑克公司」（R.R. Bowker Company）的創始者雷葆特（Frederick Leypoldt）和鮑克在一八七二年創刊的，初名爲「出版家和書商行業週刊」（Publisher's and Stationer's Weekly Trade Circular），次年才改名爲「出版家週刊」。此份刊物是雷葆特和鮑克爲了使新書資料的消息更爲迅速，也爲了展現他們對圖書事業的理想而刊行的，因此這份刊物不僅要有新書報導，也要能對出版商、書商的日常工作和職業教育有所助益，因此出版家週刊秉持的目標不僅是書目的蒐集、編輯而已，也報導出版界的動態、圖書製造工業的發展……等等。一百多年來，「出版家週刊」一直是美國圖書出版事業的神經中樞，它因爲是週刊，所以亦是探窺美國出版界及書市最新、最快的媒介，它不僅登有專論、論文，亦刊載出版消息、出版界人事動態，有關出版的會議、圖書工業發展的報導，並且有新書書目、書評、暢銷書排行榜等內容。

「出版家週刊」報導的重點自然一直偏重美國本土。然而近年來出版界的國際交流日漸熱絡，國際書展在各地不斷舉辦，透過版權授與取得他國出版品的也日漸增多，可見出版的國界將會日漸模糊，因此「出版家週刊」覺得有必要印行一種報導國際性出版業的刊物，讓業者及訂戶增進對世界出版狀況的了解。因此鮑克公司所屬的出版家週刊在去年的法蘭克福書展即宣稱將在一九九〇年開始印行國際版——"PW International"

此國際版一年將出版六次，屬雙月刊，這份刊物雖有自己的編輯群和封面設計、內容，但卻將與原有的出版家週刊合併裝訂一起，贈寄給訂戶，比如說第一期的"PW International"有自己的封面、內容有46頁，就夾在一月十二日出版的那期「出版家週刊」內，連同週刊原有的72頁，這期讀者或訂戶收到的出版家週刊就有一百多頁了，從外表看也不容易知道裡間還另有乾坤，只有「出版家週刊」封面右上角注明本期內有PW International。

第一期的PW International算是1/2月號，這期爲配合二月底舉辦的東京國際書展，因此內容以報導日本出版事業爲主題，包括介紹日本的出版、行銷市場及合作管道；日本人的讀書習性、日本圖書館及日本出版協會的概況……等幾篇專文和報導，此外還有當前圖書版權銷售等專欄。第二期爲3/4月號，則爲配合倫敦國際書展而將介紹英國的出版圖書業，爾後幾期則將以國際觀點報導兒童圖書和各種專業性書籍的出版。

"PW International"的刊行，似乎正是目前出版業將觸角伸向國際的表徵——要拓展自己事業至他國，或尋求與他國的出版合作，唯有先了解他國的出版事業狀況了。

（原載中國時報79年4月6日開卷版）

《書單》九十週年

民國八十一年十二月，臺灣省教育廳創刊了《書評》雜誌，這幾乎可說是國內第一本完全以介紹、評論圖書爲內容的雜誌（以前的《書評書目》、《新書月刊》雖然也有刊載書評，但其他方面的專論和論述仍然佔了不少）。《書評》是由公家單位編輯、出版的，如果主管者有心，當能賡續經營，不會像《書評書目》、《新書月刊》等有關圖書介紹和讀書方面的雜誌總是中途遭到停刊的命運罷？

若說純粹書評、書介的雜誌總不易持久，但著名的美國《書單》（Booklist）雜誌，創編至今已屆九十週年，現在還是美國最具權威性的書評刊物，其歷史意義值得我們探究。

「Booklist」是美國圖書館協會在一九〇五年創刊的，彼時愛恩斯坦才剛獲得博士學位，婦女運動正方興未艾，全美國公路上也才只有兩萬五千輛汽車在奔馳！而打字機也剛發明不久，有誰想到，九十年後，打字機幾已遭淘汰，而純粹是書評的「Booklist」卻仍然繼續生存下去呢！

美國圖書館協會出版「Booklist」的主要目的是要協助全國的圖書館員和一般讀者選購圖書。因爲當時圖書資訊流通不甚發達，即使已有一些書目的編製了，但卻沒有一點內容介紹或評論，往往使人光看書目上的書名，卻不知其內容好壞。圖書館協會乃向卡內基基金會爭取了十萬美元的補助，設計了一種專門帶有評論的綜合性圖書書單雜誌，刊名即取做《書單》「Booklist」。剛開始時，一年只出版八次，每年訂費也才五角錢。每期所刊登的圖書，是由全國各類型圖書館的館員代表所協助圈選，再經由「Booklist」的編輯委員會成員閱讀、撰寫書評，推荐的即登上雜誌。但初期的「Booklist」連一個專任主編也沒有，都是由圖書館員輪流編輯，直到一九一三年，這份雜誌遷入圖書館協會總部，才有了專任主編。

現在回顧「Booklist」第一期所評論、介紹的圖書，到今天還能繼續在出版的仍然有三種，那就是以寫《黑暗之心》聞名的英國航海、小說家康拉德（Joseph Conrad）的《諾斯特羅莫》（Nostromo）、美國散文家和自然主義者柏洛茲（John Burroughs）的《遠與近》（Far and Near）以及英國兒童文學作家內斯比特（Edith Nesbit）的《鳳凰與絨氈》（Phoenix and Carpet），這眞是很有歷史意義的三本書。值得重視的是，「Booklist」一創刊就開始收錄兒童圖書的評論，這在當時的報紙或一般通俗雜誌是不會出現的。一九二一年，「Booklist」也開始爲青年及青少年選錄圖書，這部分書單即稱爲「Suggested for Young Adult」。一九五一年時，則有「Books for Young Adult」的專欄，到一九九一年時，與兒童書專欄「Children's Book」合併爲「Books for Youth」的大專欄。

剛開始的「Booklist」，因爲經費和篇幅的關係，每本書都只有短短的三、四句簡介、評論而已。但隨著篇幅的擴增和社會風氣的開展，評論文字大爲增加，《參考書通報》（Reference Book Bulletin）部分更有堂堂大論的長書評。

在其他特殊主題方面，「Booklist」當然也會反映時代的需求或趨勢。像一九〇五年「Booklist」就推出了政治經濟方面的專門書目，一九三三年，則有「七十本十分錢的好書」之兒童圖書專欄，一九四二年，推出有關「遠東圖書」的專題。第二次世界大戰中，「Booklist」則經常刊載許多有關戰爭方面的圖書評論，充分支持美國的參戰，像「Your Job and American Victory」、「Army Women's Handbook」……等等。

從一九二一年開始，也開始評論、介紹外國圖書，有法文、義大利文的專題書單，之後又有德文，波蘭文和俄文的；一九七〇年以後，亞洲移民增加了，亞洲語文圖書也出現在「Booklist」裡了，這些都反映了各時期的移民潮。

但是「Booklist」歷史上最重要的一件大事就是一九五六年時將另一份專門評論預訂書的《預訂書通報》（Subscription Book-Bulletin）合併。（所謂預訂書通常是指整套出版物，通過預付款直接向出版商預訂的圖書，其中以大部頭參考工具書居多）。初期"Booklist"將「預訂書通報」置於卷頭（後來移到卷中，現在則置於卷末。）整個雜誌也因此改名為「The Booklist and Subscription Books Bulletin」。一九七〇年起，「預訂書通報」改名為《參考和預訂書書評》（"Reference and Subscription Book Review"）一九八三年九月又改稱《參考書通報》（"Reference Books Bulletin "）。因之，現在的「Booklist」封面，除了「Booklist」是以較大字體顯現外，還會附有一行小字體的文字：「includes Reference Books Bulletin」的字樣。說到「Reference Books Bulletin」這個大專欄，雖然它是附在雜誌之後，但卻有自己獨立的編輯委員會和主編，是由美國圖書館協會聘請二十五─三十名的參考書專家組成的，他們規定參考書的選擇和推荐標準，每期都登有三─四篇的長書評和十五篇左右的短書評，亦常常有新版「百科全書」的總評論專題。「參考書通報」這個專欄，不僅從圖書館學角度分析、評論各種參考工具書。也對其體例、編制和結構方面進行描述，具有頗高的評鑑指標，因此已成爲「Booklist」最重要且最著名的一部分。目前「參考書通報」的主編是懷特利（Sandy Whiteley）。

「Booklist」最初只有少許圖書館協會本身出版品的廣告，但自一九二七年以後，來自卡內基基金會的補助和所收的訂費不夠內容改進和篇幅增加的支出時，「Booklist」也開始接受外來的廣告。一九三〇年時，「Booklist」改成每月出版，全年訂費是美金二・五元，爲了因應圖書出版的迅增，一九三七年它更成爲半月刊，每年訂費三美元；到了五〇年代，訂費一年六美元，一九七〇年則是十美元，到一九八七年變成五十一美元，一九九二年是六〇美元，一九九五年則是六五美元，由此演變來看，七〇年代到八〇年代是漲幅最大的時期，這應該可反映這個期間美國經濟景氣的衰退。目前「Booklist」一年出版二十二期，九─六月每月兩期，七、八月則只出一期，而「參考書通報」則在六─八月均只出一期，其餘亦每月刊載兩次。

七〇─八〇年代也是美國社會急劇變化的時期，「Booklist」也不斷求變革新。一九七三年，「

Booklist」封面改爲彩色，並多由藝術畫作構成，這些畫作且多是「Booklist」上曾經評論過的藝術圖書裡選出來的，並有畫家的親筆簽名，這樣當可更吸引讀者。一九八七年，「Booklist」也開始以電腦排版，取代過去的打字排印，此外，在內容方面，也開始有一小部分的訪談，評論專欄，像一九九二年開始，就邀得著名的圖書館學雜誌專欄作家曼利（Will Manley）不定期撰寫「Manley Art」的專欄。而隨著圖書資訊媒體種類的增加，「Booklist」在一九五〇年也新增了「Film for Public Libraries」，開始爲圖書館及讀者選介影片，一九六九年則增加了其他非書資料，這個專欄，在一九九一年改成爲「Audiovisual Media」，內容包含了影片、幻燈片、錄影帶、光碟產品……等各種視聽媒體和電影軟體了。

面對浩瀚的書海和資訊媒體，如何選擇適當的好書和各種資源，相信是圖書館和愛好圖書的讀者共同的煩惱。美國圖書館協會雖然只是一個民間團體，但它能編印「Booklist」這樣能協助大家選書、購書，以及了解圖書的雜誌，且持續了九十年之久，其精神無疑是值得我們效法的。而「Booklist」今年九十大慶，我們回顧其九十歷史，發現從一九一三年以來，只有過七位主編──分別是一九一三─一九二三年的梅・馬色（May Massee），一九二三─一九二七的愛蜜莉・米勒（Emily Miller）、一九二七─一九四三的柴狄・伏斯伯（Zaidee Vosper）、一九四三─一九五二的愛琳・杜堅（Eileen Duggan）、一九五二─一九七三的愛德娜・凡恩（Edna Vanee）、一九七三─一九八八的保羅・布拉里（Paul Brawley）及一九八八年至今的比爾・奧特（Bill Ott），更可見他們經營這份雜誌的執著和耐性（不會經常換主編，也顯見他們的穩定），而這份執著和耐性，則更是值得我們出版界學習的。

（原載中央日報84年8月23日讀書版）

大眾市場平裝書

出版先進國家，如美、英、日等國，一般而言，書籍價格都算是滿高的，但爲了推廣圖書市場及讀書風氣，對一些易於普及化的圖書，都會推出所謂平裝書（Paperback），以廉價供應讀者。

這種平裝書，指的是大眾市場的平裝書，有別於一般學術性圖書的平裝書。因此美國的「出版家週刊」（Publishers Weekly）的暢銷書排行榜，平裝書是分爲一般平裝書和大眾市場平裝書兩類的。

大眾市場平裝書的起源，雖然可追溯自一八四一年德國陶克尼茨（Tauchnitz）出版社所翻版印行的一系列英美作家叢書，但眞正推行大眾化平裝書的先驅，要算是英國的雷恩（Allen Lane）。

雷恩堅信以低價印售高質量圖書必有其市場，因此，他在一九三五年創立企鵝圖書公司，出版了一冊六便士的「企鵝叢書」（Penguin Books），果然推動、產生了新的讀者群。在兩年之內，企鵝叢書就賣了七百萬冊；至今，企鵝叢書中最暢銷的，是一九六〇年出版的「查泰萊夫人的情人」，銷售達三百五十萬冊。

美國出版界也引進這種以廉價多銷的觀念。出版家塞門（Richard Simon）和舒斯特（Max Schuster）等人，在一九三九年開始出版「口袋叢書」（Pocket Books），第一批選擇了賽珍珠的「

大地」及希爾頓（James Hilton）的「失去的地平線」等十一種印行。

他們在紐約時報刊登大幅廣告，介紹這些以每冊二角五分銷售的創新革命性書籍，同時並請藝術家李博曼（Frank J.Lieberman）爲這種短小型圖書設計標幟。

李博曼設計了一隻帶著眼鏡看書，肚皮口袋還裝著一本書的袋鼠圖案，同時以他岳母的名字「格特魯特」（Gertrude）稱呼。

雖然這隻袋鼠的造型後來有幾次的小變動，但無疑的，它一炮而紅，不僅與英國的企鵝標幟相互輝映，而「口袋叢書」也帶動美國更多的出版社投入大衆化平裝書，使美國成爲今日世界大衆市場平裝書的最大生產者。

去年（一九八九）是美國大衆市場平裝書起步五十週年，「出版家週刊」還製作了一系列回顧與展望的專輯。

大衆市場平裝書之所以能夠低價（以一九八五年美國書價爲例，精裝書每本平均三一・四六美元，一般平裝書十三・九八美元，而大衆市場平裝書才三・六三美元），在於先降低其製作成本，它通常是小開本、窄邊的小書，一般只有一八・五公分高，然後採用較便宜的紙張，裝訂也較簡易。

其次，大部分是由精裝書或一般平裝書重印的，因此版稅也較便宜；以一九三九年十一種「口袋叢書」而言，每種只付給原出版商五百美元版權費而已。（但近幾年，版稅已有高漲的情形，像一九七六年，「亞文公司」（Avon）以一百九十萬買下「刺鳥」一書）。

大衆化平裝書出版量要大，通常一印即三、四萬冊，因此出版類型要考慮到一般人的口味，所以範圍大多是偵探小說、西部小說、浪漫愛情小說及其他通俗作品，以一九八七年的統計，美國出了三八三三種大衆化平裝書，其中小說就佔了二五七一種。

當然，大衆化平裝書要維持長銷，也不能只靠小說，實用的書也滿重要的。到目前爲止，最暢銷的大衆化平裝書，是一九四六年出版的史波克醫生所著的「育嬰指南」，已賣了三千九百萬冊，其他像字典……等，銷售量都達一千七百萬冊以上。

銷售管道有別於一般圖書，也是大衆化平裝書能夠生存的原因之一。它的賣場不僅限於一般書店，而且深入、普及於百貨公司、藥房、雜貨店、便利商店、書報攤等，使人們很容易在購物之餘，順便買上一本裝在口袋。

國內二十幾年前，商務印書館曾印行「人人文庫」，價格在八—二十元臺幣左右，也是屬於大衆化平裝書，可惜部分書籍印刷太差，字跡模糊，讀者反應不佳。

兩、三年前，自華書店也推出四九．五系列叢書，以每本四九．五元爲號召，書是不錯，可惜宣傳及銷售管道未能突破，市面上不易看到。

因此，大衆化平裝書不能在我國出版市場扮演重要角色，不知是出版界經營理念的問題，或是我們的讀書、買書風氣仍不夠，這些倒是值得探討的。

（原載自由青年七三三期79年9月）

企鵝圖書歡渡一甲子

一九九五年七月三十日，是英國著名的大衆市場平裝書出版社—企鵝圖書公司（Penguin Books Limited）成立六十週年，該公司正熱烈展開慶祝及促銷活動。

企鵝圖書公司是一九三五年由連恩（Lane, Sir Allen 1902-1970，原名Allen Lane Williams，他於1952年受封爵士）所創立的。連恩爵士對出版秉持的理念是，爲了推廣市場及倡導讀書風氣，有必要將易於普及化的圖書，以較低的成本印行開本較小且易於攜帶的平裝書來吸引讀者購買。這種薄利多銷又不影響書籍內容品質的理念，使他成立企鵝圖書公司，出版了一系列每冊六便士的企鵝叢書，果然推動、產生了新的讀書群。

在兩年之內，企鵝叢書就賣了七百萬冊之多。至今，企鵝叢書之中，最暢銷的是一九六〇年出版的《查泰萊夫人的情人》，銷售達三百五十萬冊。連恩爵士於一九六九年，企鵝出版第三千種圖書—喬伊斯的《尤利西斯》後宣布退休，一九七〇年逝世。

企鵝的大衆市場平裝書馬上就影響到美國。出版家塞門（Richard Simon）和舒斯特（Max

Schuster）在一九三九年也開始印行「口袋叢書」（Pocket Books），爾後亦有不少出版社投入。

至今，大衆市場平裝書也是出版界的重要市場之一，美國出版家週刊暢銷書排行榜，平裝書也是分爲一般平裝書和大衆市場平裝書兩類的。

時間飛逝而過，大衆市場平裝書的先驅者，企鵝公司成立已屆一甲子，公司自年初已展開各種慶祝、宣傳活動。

爲了紀念及發揚連恩爵士推行平裝書的精神，企鵝公司特別選擇了過去出版的六十種好書，以精美而更袖珍的開本（十三・八公分×一〇・六公分）及更醒目的封面重新問世，以每本六十便士發售。

這項活動的宣傳口號即爲「六十年，六十本書，六十便士」（60 years, 60 titles 60p.）這套書至七月會陸續出版完畢，並且可以在各超商、書店、市場等地零售。

這六十本書都是企鵝出版過的經典書籍，作著群從英國著名的現代影星狄鮑嘉（Dirk Bogarde）到一九二〇年曾以「純眞年代」獲普立茲獎的美國女作家華爾頓（Edith Wharton）等，甚至於包括法國十六世紀思想、散文作家蒙田（Montaigne）。

企鵝公司預計每本書可以賣二十萬冊，總計全套一千兩百萬冊。另外，企鵝公司也將在七月推出兩本紀念性書籍，一是由史提夫・黑爾（Steve Hare）撰寫的《企鵝的肖像—連恩爵士和企鵝的編輯們》（Penguin Portraits:Allen Lane and Penguin Editors, 1935 to 1970）及胡・布福特（Hugh Bulford）所寫的《企鵝六十年歲月》（Sixty Penguin Years, 1935-1995），這兩本書可以道盡企鵝的光榮歲月和重要人物。

宣傳活動的尖峰日期，當然是在七月份。

企鵝公司將在國內四大報——星期泰晤士報（Sunday Times）、觀察家報（Observer）、衛報（Guardian）及星期獨立報（Independent on Sunday）連續宣傳及展開公衆關係活動，並將獲得各大書店、出版社如Blackwell、W.H. Smith、Waterstone……等及各圖書館的支持。企鵝公司已印製或授權廠商製作了不少有企鵝商標的文具、筆記便箋、自黏式貼紙、胸針、茶杯、汗衫……等禮品；最特殊的是還發行一種印上企鵝出版的各種書籍封面的撲克牌。以企鵝公司的檔案照片及書籍封面作背景的海報及做成專供櫥窗及地板展示用的正方體圖案，也將在地鐵及書店、百貨公司、街頭等到處展現。總之，如果七月份到倫敦，你將會到處看到企鵝的商標。

六十年來，企鵝出版過許多經典文學書籍，也出版過電影、電視小說（如「與狼共舞」、「窈窕奶爸」、「閃靈殺手」……等）、神秘小說和兒童文學作品等，最近也迎向時代趨勢，製作了電子出版品，如將亞瑟米勒的劇作「煉獄」（The Crucible）做成光碟片（僅售四九．九五英鎊）；但其宗旨都是要以便宜的價格讓文學普及到個人，把書籍典藏帶進家庭，它的誕生無疑是出版界印刷和裝訂技術的一項革命，於今，它六十週年了，我們或許也應從它的創業宗旨，學習到一些出版精神。

（原載中央日報84年6月21日讀書版）

暢銷書排行榜

《黑白新聞週刊》七十四期（八十四年三月五日—三月十一日）這一期有一篇「媒體巧妝扮，冷門變熱門」，對國內書市的暢銷書排行榜有深入的報導。

該文指出：「經過媒體的包裝及出版社的強力促銷，許多國外的冷門書籍經常可躍居本地的暢銷書排行榜，這除了顯見媒體的威力驚人外，也暗喻本土嚴肅文學創作力的薄弱……」。讀此文後，不禁會令人質疑所謂暢銷書是否就一定是好書？或只是反映了現時社會大衆的需求而已？

暢銷書其實並非一定是好書，英國甚至有一句苛薄的格言說：「暢銷書是庸才的鍍金墳墓」——這當然言過其實，但也透露了暢銷書排行免不了的一些商業氣息。

《黑白新聞週刊》的這篇報導提到某熟悉出版生態的人士指出暢銷書排行可能受到人爲的操作方式有：「除了出版社和作者會去買書製造銷售量外，另外一種做法則是出版社以較低的折扣批書給書店，書店便將出版社指定的書列在榜上。還有，有大量廣告預算做宣傳的書籍，自然也較易銷售。」

由於暢銷書排行的不可確認度，因此也有一些書訊媒體推出「好書金榜」、「年度好書」……等以之平衡。

但換個角度來說，一本書能夠暢銷，基本上一定有其可觀之處。設置暢銷書排行當然多多少少帶給讀者一些對書市現況的認識和選購圖書的一點參考。

因之，暢銷書排行榜在出版先進國家都會有的，本文試就所見英美兩國部分暢銷書排行榜的一角，與國內稍作比較，以收相互切磋之用。

國內暢銷書排行榜大多由大型連鎖書店所公布，雖然他們都堅決表示無人爲操作，但由書店本身介入此種排行，自然難免會令人覺得有些商業色彩。

而國外暢銷排行榜，多見於有關圖書的專業雜誌，如《美國書商雜誌》（American Bookseller）、《出版家週刊》（Publishers Weekly）、《圖書館雜誌》（Library Journal），英國的《書商雜誌》（Bookseller）……及各大報紙等，這些都是全國性的專業期刊或大區域性的報紙，因此，他們公布的排行榜，權威性自然較強些。

而且英美兩國出版界由於推行國際標準圖書編號（International Standard Book Number-ISBN）已有數十年，對圖書館銷售統計已較易掌握，因之暢銷書排行榜也較有可信度。

其次，我們公佈暢銷書排行榜的連鎖書店大都在臺北市，其統計範圍自然也只以臺北都會區爲限，並未能展現全國性概況。

《美國書商雜誌》則有一全國各地暢銷排行榜名單，從西岸到東岸，分別列出《西雅圖時報》（

The Seattle Times）、《舊金山紀事報》（San Francisco Chronicle）、《洛磯山消息報》（Rocky Mountain News）、《達拉斯晨報》（Dallas Morning）《芝加哥論壇報》（Chicago Tribune）、《華盛頓郵報》（The Washington Post）、《邁阿密先驅報》（The Miami Herald）、《波斯頓環球報》（The Boston Globe）等所做的暢銷書排行榜。這樣可顯示出版品在各地暢銷的情況。

如果有某書在各報或多數報均名列榜單，那麼這本書應是值得信賴的，讀者選購當較無問題。例如筆者所見一九九五年一月號的《美國書商雜誌》各排行榜中，李總統登輝先生在中央日報新春作家聯誼會中提到他讀過的《麥迪遜之橋》（The Bridge of Madison County——國內時報文化公司有中譯本），就出現在多家排行榜上，顯示這本書在美國各地均是受歡迎的。

另外，這個專欄後面也附有一個「遺珠書單」，收錄各地書店所提供之他們認爲寫得很不錯，只是由於某些因素尚未或未能進入排行榜的書籍，讓讀者也能注意到，這也是值得我們觀摩的。

另外，我們的暢銷書排行榜對圖書通常只簡單地分爲「文學類」、「非文學類」兩種，這比起國外顯得較不多樣化。

國外出版市場精裝、平裝書較有區分，因此暢銷書排行榜也就常分爲「精裝小說」、「精裝非小說」、「平裝小說」或「平裝一般書」……等類，美國的「圖書館雜誌」和「出版家週刊」更常刊出參考工具書的暢銷排名，這在國內更少見。

像一九九四年十二月份的《圖書館雜誌》就有參考書暢銷排名，《老農夫曆書》（The Old

Farmer's Almanac）、《世界曆書》（The World Almanac and Book of Facts）的九五年版分別位居第一、二名，《作家市場指南》（1995 Writer's Market: Where & How to Sell What You Write）排第三，我們國內也常用的留學指引《彼得生大學指南》（Peterson's Guide to Four Year College 1995）也排名第五；這樣能顯見這些家庭案頭工具書，也是各書店不可忽視的。我們國內一些字典、辭典等工具書銷售量也應該很可觀，只是沒有排名，不能得知那幾種較受歡迎。

還有，國外暢銷書排行榜的製作媒體，也很重視年度的統計分析，而不是每週或每月公布完就算了。例如英國《書商雜誌》每年年初都會公布上一年度的暢銷書總覽。

以今年的二月十七日這一期所刊載的一九九四年暢銷書專欄，就歸納統計各出版社所出的圖書上榜的種數，像「企鵝集團」（Penguin Group）所屬的出版社有十八種書曾登上精裝書排行榜，「BBC Collins Group」則有十七種、藍燈書屋集團（Random House Group）則有十四種……。其他如精裝小說、平裝書及兒童圖書等亦分別有統計。

個人作者方面也有兩種統計，一是登上排行榜週數統計，像烹飪專家黛拉．史密斯（Della Smith）所寫的《黛拉史密斯夏季食譜叢書》（Della Smith's Summer Collection）去年有卅三週躍登精裝書排行榜，是最長期的熱門暢銷書籍。華裔作家張戎（Jung Chang）所寫的《鴻：三代中國女人的故事》（Wild Swans: Three Daughters of China）則更在平裝書暢銷榜上停留了四十八週，獨佔鰲頭……。

另外，也有連續排行第一名的紀錄，像張戎的《鴻》，曾經在平裝書排行榜上連續五週第一名，其紀錄僅次於連續九週第一名的喬安娜・桃樂普（Joanna Trollope）所寫之《西班牙情人》（A Spanish Lover）……。

這些統計，不僅在出版史料上會留下紀錄，對出版社和作者也是一種激勵，並可樹立出版社和作者的聲望，也可協助讀者了解出版市場狀況。

與暢銷書排行榜相互輝映的「好書金榜」、「年度好書」、「最佳圖書」……等，上述國外的雜誌也經常評選刊登，其評選方式及分類之詳細也值得我們參考。

不過，不管是暢銷書排行榜或好書名單等，主要是國外有許多專業的書訊或書評雜誌，比較能在出版界及讀者之間建立權威性吧！

（原載中央日報84年3月29日讀書版）

打入圖書館的暢銷排行書

書籍在市面上的銷售情況，有所謂的暢銷書排行榜可參考。但圖書的另一個市場——圖書館訂購圖書的狀況又如何呢？那些較受圖書館的青睞呢？這倒是很少有紀錄可查的。

或許以前各類型圖書館買書各自爲政，採購重點亦不一，因此鮮少能知道那幾種書是圖書館的熱門對象。但是最近美國最大的一個書目資料庫「線上電腦圖書館中心」（Online Computer Library Center——簡稱 OCLC，其詳況見七十八年一月三十日筆者在開卷版的介紹）以其資料庫的資料統計出一九八九年入藏於該組織會員圖書館最多的前一百種書籍，也就是說這一百種書籍是最多圖書館訂購典藏的。OCLC擁有萬餘會員圖書館，以美國國內圖書館佔大部分，並包括加拿大、歐洲的若干圖書館，每個圖書館購進一種圖書，在編目時即會鍵入共同的書目檔中，因此一本書有那幾個圖書館購藏都很清楚。OCLC所統計出來一九八九年入藏圖書館最多的一百種圖書，前十名如下：①畢德士《追求卓越》（In Search of Excellence），有二六一九個圖書館購藏；②奈斯比特的《大趨勢》（Magatrends），二四九三館；③布侖的《美國人心靈的閉鎖》（The Closing of the American Mind），二一、三四九館；④畢德士另一書《追求卓越的熱忱》（A Passion for Excellence），二、三二九館；⑤《芝加哥文體、格式手冊》（The Chicago Manual of Style），二、三一〇館；⑥杜拉賓的《論文、報告寫作手冊》（A Manual for Writers of Term Papers, Theses and Dissertation），二、三〇〇館；⑦巴特列的《常用名人語錄辭典》（Familiar Quotations），二、二三七館；⑧赫許的《通識辭典》（Cultural Literacy），二、一〇九館；⑨艾科卡的《艾科卡自傳》（Iacocca），二〇九七館；⑩《參考書指南》（Guide to Reference Books），二、〇七八館。其中，排第一、二、四、九的幾本書國內都有中譯本。

雖然這並不代表全美國圖書館的訂購情形（正如一般暢銷書也是以幾家書店的銷售爲取樣而已），但似已可看出書籍在圖書館的銷售和一般市面上的差異點：

第一，小說、散文或通俗消遣書籍並不是圖書館，尤其是學術圖書館採購的主力對象，但財經、管理等熱門書籍，不少圖書館還是重視讀者需求，所以一般市面暢銷的商業、管理書籍，也同樣吃香於圖書館。

第二，圖書館是參考工具書的主要市場，如前十名的第五至八及十都是參考書。其他百名之內亦佔有不少的專科字典、百科全書、手冊、名錄等，可見昂貴的工具書仍非常倚重圖書館，這倒是圖書館市場和一般市場不同之處。

（原載中國時報78年12月4日開卷版）

書皮

出版事業發達的國家，對書籍的製作及維護似乎就愈重視。像日本出版的圖書、裝訂、印刷的水準是世界一流的，而重要的學術書籍，除了精裝之外，大部分還會加上一個硬紙板做成的書盒，這個書盒，無論是顏色、設計都和原書儘量配合。

日本的書盒，旨在保護圖書，避免因在書架上的擠壓或不小心掉落地上遭到損傷。而英美兩國的精裝書，則不時興用書盒，而使用書皮（jacket），作爲圖書保護之用。然而書皮（有的譯作書套）也只是質地較好的一般紙張套在精裝書外表而已，其保護作用，自然較書盒遜色一點，但它卻有其他作用。

最早有書皮出現的書籍，是一八三三年美國紐約的一位出版商希斯（Charles Heath）所印行的專門作爲節日贈品的年度紀事簿或札記之類，它的封面是由約翰·吉卜（John Keep）所設計。這種加上藝術設計的圖書的書皮，很受當時中上階層的歡迎。西書的書皮，除了一點保護圖書的功能外，最重要的是下列幾點：

1.它的封面，不管是插畫、照片或是其他組合，都是一種藝術設計，不僅要顯現書的內容、主旨，也能增加書籍的生動美觀。

2.書皮的摺頁的一端，通常會有本書作者的介紹，包括學歷、著作，甚至於相片。

3.摺頁的另一端，有些也有書籍內容介紹或寫作緣由，這很符合我國古代目錄學辨章學術，考鏡源流的作用。

4.有些書皮背面會刊出同一出版社所出版的與這本書相類似或相關的其他書籍，或者會登出出版社即將出版的新書書單，可供讀這本書的人參考，或讓圖書館有進一步購書之參考。

5.這本書如果是再版的，書皮背面有時候也會登出一些報刊雜誌對本書評論的摘句，雖然這是廣告作用，但對認識本書也有一些基本作用。

因此，千萬不要忽略了這張書皮，它實在蘊藏了許多重要資源。由於國內外文原版書大多係圖書館在購買，有些圖書館的確對書皮相當重視，常用膠帶補強它和書籍的貼合，以免脫落，甚至於在書皮上又加上一層玻璃紙似的封套（Book jacket Cover），顯示圖書館對書的愛護有加。而有些圖書館，可能因爲嫌書籍本身和書套都要貼上書標，非常麻煩，因此常把書皮捨棄了，不僅閱讀者少了上述的一些資料可供參考、瀏覽，整個書架上也是一片單調，缺乏琳琅滿目的美觀。

（原載民生報78年8月5日讀書週刊）

一九九五年美國期刊價格指數

在資訊爆炸的時代，閱讀外文期刊或許是吸取國外所知最便利的捷徑之一，故大學或學術、專門機構的圖書館，通常會訂購大量的西文期刊，以供教師、學生或研究人員等閱讀。但西文期刊通常價格昂貴，大學圖書館每年的圖書採購經費，外文期刊的訂費幾乎都佔了一半甚至到三分之二的地步，而更苦惱的是西文期刊訂費每年上漲，故圖書館在編列年度訂購預算時，更須密切注意最近幾年來的上漲指數。

美國的圖書館當然也有類似這樣的問題，故美國圖書館協會底下的「圖書館藏書和技術服務協會」（Library Collections and Technical Services—ALCTS）特別成立一個「圖書館資料價格指數委員會」（Library Materials Price Index Committee—LMPIC），每年皆研究並公佈一次「美國期刊價格指數」（U.S. Periodical Price Index），以供圖書館員或一般民眾了解各類期刊的價格和漲幅。這項調查研究報告，以往都固定刊登在「圖書館雜誌」（Library Journal）每年的四月十五日那一期（只有一九八五年是登在八月號），但一九九三年以後，則轉移陣地，登在「美國的圖書館」（American

Libraries）這份雜誌的五月號上。

一九九五年的「美國期刊價格指數」即已刊登在「美國的圖書館」五月號，這份分析、評估美國期刊價格變化的報告，可以提供美國圖書館員準備下年度訂購期刊預算的參考，而我們國內圖書館訂閱外文期刊，事實上是以美國爲大宗，因此這份調查報告其實也可供我們參閱的。

「美國期刊價格指數」的調查，已進行了三十五年，而今年也是第十一年由著名的期刊代理商飛克森公司（**Faxon Company**）的線上電腦系統提供資料的分析和編製。這份指數報告是選擇了美國具代表性的期刊三、九四一種作爲調查依據，期刊的定義是指「在同一名稱之下，定期或不定期地連續刊行，每年至少會出版一期以上的刊物——但不包括報紙在內」。爲了維持這份期刊價格指數調查的確實度，所選擇的期刊，每年儘量不予變動，除非有停刊或已不符合期刊的定義及改變必須訂購而成爲免費贈送的情況外，像一九九四年所收錄的期刊，已有七十二種不在一九九五年調查之內，必須另外再選列。

依據這項調查報告，一九九五年美國各類期刊價格如下：

1995排名	期刊類別	1995平均訂購價格（美元）	1994–1995上漲率
1.	俄文翻譯	$1,033.65	7.2%
2.	化學和物理	$ 767.96	13.3%
3.	醫學	$ 362.52	12.8%
4.	數學等（含數學、地球科學、生命科學、植物學、一般科學等）	$ 308.79	13.7%
5.	動物學	$ 266.72	9.6%
6.	機械	$ 216.23	10.5%
7.	心理學	$ 190.58	10.9%
8.	社會和人類學	$ 115.77	8.9%
9.	商業和經濟學	$ 94.37	7.1%
10.	家庭經濟學（家政）	$ 86.32	5.0%
11.	新聞和大眾傳播	$ 86.06	7.4%
12.	工業美術	$ 82.49	4.7%
13.	勞工和工業關係	$ 81.59	4.0%
14.	教育	$ 80.87	8.2%
15.	法律	$ 78.26	2.9%
16.	政治科學	$ 77.99	10.6%
17.	圖書館和資訊科學	$ 67.98	7.8%
18.	農業	$ 62.07	8.8%
19.	歷史	$ 47.83	6.3%
20.	藝術和應用美術	$ 46.74	4.1%
21.	哲學和宗教	$ 42.86	6.5%
22.	文學和語言	$ 41.80	5.2%
23.	體育和娛樂	$ 41.59	5.4%
24.	一般興趣	$ 38.45	2.8%
25.	兒童期刊	$ 21.31	4.3%

由統計中可以看出俄文翻譯的期刊（特別是科技方面的）最爲昂貴，超過一千美元，因此，若包括俄文翻譯期刊，平均的美國期刊價格是一九六・五七元美元（比去年漲了九・五％），若不包括俄文翻譯期刊，則平均價格只有一四九・四六美元（但比去年平均價漲了一〇・四％）。

多年來，這些學科期刊訂費高低的排名，大致沒有什麼變化，若以今年和去年相比，只有排名第十四的教育和排名第十五的法律類互換位置而已。

若以漲幅比率而言，有六類漲幅超過一〇％，那是數學等類一三・七％、化學和物理類的一三・三％、醫學類的一二・八％、心理學類一〇・九％、政治科學類的一〇・六％及機械類的一〇・五％，因此，以訂購這些學科爲主的圖書館，在編列經費方面要多注意一些。

若不包括俄文翻譯期刊，今年的上漲率是一〇・四％，這是三年來首次超過一〇％（去年是九・六％，前年則是五・五％），這反映了物價的上漲壓力，好在它還沒超過一九九二年的一二・二％和一九九一年的一一・七％。

其他各種詳細的數據分析，可自行參閱「美國的圖書館」五月號。不過，這項期刊價格調查，大多是學術性刊物，比較適合我們國內大學及學術、專門圖書館參考，一般公共圖書館或文化中心如想訂閱幾種比較大衆化的美國期刊，可參考美國「線上電腦圖書館中心」（OCLC Online Computer Library Center, Inc.）在其公司的通訊刊物上（今年一、二月號）登載過一份百大期刊名單，這份名單是OCLC依據其在世界上兩萬多會員圖書館的電腦線上聯合目錄，統計出最多圖書館訂閱的期刊排名，其前十名是①「時代」（Time）雜誌有五、四六七所圖書館訂閱、②「新聞週刊」（Newsweek）一五、四五五所、③消費者報導（Consumer Reports）一五、四三六所、④「美國新聞與世界報導」（U.S.News and World Reponts）⑤「科學美國」（Scientific American）一五、〇四〇所、⑥「國家地理」雜誌（National Geographic）一四、八八二所、⑦「商業週刊」（Business Week）一四、七六五所、⑧「運動畫刊」（Sports Illustrated）一四、七四六所、⑨「今日心理學」（Psychology Today）一四、四一九所、⑩「科學消息」（Science News）一四、三五二所。其他如「好家庭」（Good Housekeeping）、「紐約客」（The New Yorker）、讀者文摘等著名期刊亦皆排名在百大之內，各館可依經費採購適量之刊物。OCLC這份「頂尖」期刊排名，也可用電腦在「全球資訊網路」（World Wide Web-WWW）上查得到，甚至於排列到一千名呢！

（原載中央日報84年8月16日讀書版）

再見！威爾森圖書館學報

在美國圖書館界和出版界頗具盛名的「威爾森圖書館學報」（Wilson Library Bulletin——簡稱WLB）在今年六月出版最後一期後，宣佈停刊了。

WLB的停刊，是由於過去廿年來訂戶不斷減少（從一九七五年的三萬兩千降到一九九四年的九千戶），加上最近紙價不斷上揚，郵資也漲價不少，使得威爾森公司認為WLB已不符合經濟效益，不得不忍痛宣佈停刊。該公司總裁米勒（Frank Miller）宣稱WLB的停刊，是經過公司董事會數個月來的評估和愼重的考慮才決定的，爾後公司將加重經營重心於書目、索引、摘要和參考書的編製及出版，但有鑑於WLB過去對圖書館員和出版界的價值和貢獻，只要公司能夠，也許不久WLB會東山再起！公司也考慮或許以後以電子版的形式復出。——這段宣示，不知是否為眞，但WLB的末代主編葛樂絲安妮．狄嘉迪多（GraceAnne DeCandido）則惋惜又悲傷地說：「許多人喜歡我們，但還不夠多」。

WLB創刊於一九一四年，至今已有八十一年的歷史。它是美國著名的參考工具書出版社——威爾森公司（H. W. Wilson Company）的機關刊物，每年出刊十期（從九月到次年六月爲一卷，七、八月則配合學校暑假休刊）。威爾森公司則是哈塞・威廉・威爾森先生（Halsey William Wilson, 1868-1959）所創辦的，該公司所出版、印行的各種書目、索引，在過去數十年，幾乎是全美國及全世界最重要的參考工具書，各大圖書館莫不陳列該公司所編印的「彙編書目索引」（Cumulative Book Index—簡稱CBI）、「讀者期刊文獻指南」（Readers' Guide to Periodical Literature）及「書評摘要」（Book Review Digest）和各種學科索引……等等，我們可以說威爾森和他的公司對圖書文獻的整理和學術研究的促進具有很大的貢獻。彭歌先生曾寫了一本「愛書的人」（民國六十三年，純文學出版社印行），就是在介紹威爾森先生的傳記和他創立的事業的。彭歌先生把威爾森認爲是第三類的愛書人（第一類是寫書的作者，第二類是看書的讀者，第三類則是爲書籍和讀者服務的人——如圖書館員和各種參考書的編製者，像威爾森先生，由於他們的服務，使書籍的功用和影響更能發揮）。威爾森公司所編印、出版的各種書目、索引，目前仍能普遍在圖書館受到利用，只是由於科技的進展，許多已改成電子版和光碟版，例如「讀者期刊文獻指南」、「圖書館文獻索引」（Library Literature）等在國內各圖書館也普遍使用光碟在查詢了。

威爾森公司發行的書目、索引等，絕大部分是透過圖書館來對讀書人和研究者服務的，因此威爾森先生乃在一九一四年創刊WLB，這份刊物不僅做爲宣傳公司的政策和產品，還報導各國圖書館界和出版界的有關新聞，並反應出版業者和圖書館人員的意見，也提供很多與讀書有關的新知識，可說是一份屬於圖書館員、出版工作人員和愛書人的刊物，對倡導讀書風氣頗有貢獻。例如筆者在一九二八年WLB的某一期即見到醫院提供適當的讀物給病患閱讀的報導（至今我們國內的醫院尚未有這種服務）。早期的WLB，當然在封面、紙張、裝訂等都較簡易、樸素，不過在封面或目次頁通常都有一座小燈塔的圖樣，這是威爾森公司出版品的標誌，象徵它們是知識的指引。五〇年代以後，WLB的封面經常採用各國當代畫家的作品，據彭歌「愛書的人」一書所言，我國水彩畫家王藍先生的畫，也曾兩度獲選作封面。WLB也相當重視新書消息和書評的彙整，以提供愛書人選書、買書的參考。歷年來，WLB出現過的書目專欄有「新書預告」（The Book Preview）、「爲讀者選好書」（Readors' Choice of Best Books）、「本月書評」（The Month in Review）、「政府出版品選介」（Selected Government Publication）……等等，但歷史最久，最有名氣，且持續至停刊爲止的專欄則是「當代參考書評介」（Current Reference Books），長期以來由工具書專家錢尼（Frances Cheney）、費滋傑羅（William A. FitzGerald）、邦奇（Charles Bunge）等執筆撰寫，最近十餘年來，則由伊利諾大學圖書館參考部主任雷汀（James Rettig）擔任主編，每期評論二十──三十種最近出版的工具書，這個專欄被認爲是最好的工具書書評刊物之一。

然而WLB最近幾年流年不利，由於它以各級圖書館爲主要客戶（約佔了一半），但近年來英美各國圖書館不景氣，許多圖書館不是關門大吉，就是經費被大幅刪減，WLB的銷路自然也多多少少受到影響。而三年前，它和公司之間又發生沸騰一時的查禁事件──一九九二年六月號的WLB，因爲專欄作家曼利（Will Manley）在「面對大衆」（Facing the Public）專欄後面，設計了一份「圖書館員與性」（Librarian and Sex）的問卷調查，威爾森公司當時的總裁魏恩斯（Leo M. Weins）認爲這不符公司的風格和標準，乃下令查禁、銷毀這一期所有的WLB，並開除曼利。這個查禁事件除使當時WLB的主編葛文（Mary Jo Godwin）辭職以示抗議外，在當年舊金山「美國圖書館協會」年會中，威爾森公司似乎也受到衆多評論和指責，認爲威爾森公司不應對編輯和作家言論的表達採取壓制的措施。

雖然威爾森公司認爲三年前這項不愉快的事件對WLB的銷路並沒有太大的影響，但兩者之間畢竟有了傷痕。「圖書館雜誌」（Library Journal）本年六月十五日這期的編輯評論則認爲近年來WLB的編輯們均受到公司太多的束縛，能夠自由發揮的餘地不多，或許這也是WLB日走下坡的原因之一罷！

但無論如何，一份具有八十一年歷史的讀書刊物，它的停刊，還是令人惋惜和嘆息的。我們會再見到它嗎？

（原載聯合報84年9月28日讀書人版）

第四輯

知書者有四眼

——保加利亞俗諺

體檢中文參考書的出版

兩百多年前，英國著名的作家及辭典編纂家約翰生（Samuel Johnson）曾說過：「知識分爲兩種，我們要不是能知曉某件事，就是我們知道能從什麼地方獲取有關那件事的知識」（見包斯威爾著「約翰生傳」—國內志文出版社有中譯本）。約翰生這段話，一直被圖書館學者引爲介紹參考工具書之重要性的名言。的確，知道知識的內涵，是我們求知的目的，但如果在無師、無友之指引、教導下，要探尋某項自己尚不知的知識，通常就必須靠著參考書爲我們解惑。也就是說，在我們學習過程中，除了教師的指引和個人的領會外，更須知道如何運用參考書來發現各種資料，這樣才能豐富學習成果，開拓新的知識領域。

圖書館學者所謂的參考（工具）書，一般包括書目、索引、字辭典、百科全書、年鑑、指南、名錄、手冊、地理資料、傳記資料、統計資料……等等，這些書的特點都是以「查詢」，而非「全篇閱讀」爲主要目的，其內容則是收錄資料密集的文獻，以精煉的表達方式和特殊的排列方式來編輯，使讀者很快查到、使用所須的資料。（例如，我們如果不知道最近和我國相互承認的巴布亞紐幾內亞的概況，如何很快在名錄、指南等工具書中，迅速獲得該國的簡介？）爲了擴展參考書查檢的功能，參考書還會儘量編排各種輔助索引，以方便使用者從各方面進入查檢的途徑。（例如，一般字辭典，除按部首排列外，還會在書後附上按注音符號或筆劃順序的索引；文訊雜誌社最近剛出爐的「中華民國作家作品目錄新編」，收錄的作家除按姓名筆劃順序排列外，書後還按作家的出生年月日編個索引，讓讀者大致能了解作家的年紀輩份；當然，也可再按籍貫等分別編列索引的。）

參考書在日常查尋疑難及治學功夫的精進上扮演著相當重要的角色。因之，參考工具書的編印、出版，對整個學術環境及書籍利用的提升，當有很大的作用。然而，環視我們的出版界，對參考書的編印、出版，似乎不甚重視，甚至於是弱勢的一環。我們走進大書店，通常只能見到一兩排書架的字辭典偈促在角落一隅，沒有所謂參考工具書專區。一般圖書館倒通常會設立參考書的專室，甚至有專業的參考館員爲讀者服務。但如果我們進入國內較大的圖書館，如中央圖書館參考室一望，中西文參考書或許看起來大致相當，但如仔細觀察，中文參考書區其實擺了不少大部頭的大藏經、道藏經、二十五史……等嚴格說來並不算是參考書體例的經典在充當一點門面，（否則國家圖書館如果西文參考書超過中文參考書，豈不是說不過去？）何況中央圖書館每年採購外文書的經費相當有限，所能買進的外文參考書還只是國外（大部分是英美兩國）出版的一小部分而已呢！這其間透露出來的信息，審思起來，可以發現我們國內出版參考書的不足；此外，仔細分析起來，還有以下的幾點現象：

其一，除了語文辭典，國內的參考書範圍還不夠普及。我們若巡視書架，西文參考書每種學科大致會有一、兩種以上的辭典、百科全書，即以在學術界而言並不算是顯學的圖書館學，都有一套五十幾冊的「圖書館學與資訊科學百科全書」（Allen Kent,「Encyclopedia of Library & Infomnation Science」），而中文方面，有許多學科，像圖書館學、政治學、行政學、農學、語言學、人類學、歷史學、軍事學……等，都尚未見到一本稍具份量的專科辭典或百科全書的。除了這些嚴肅的學術參考書外，外文參考書似乎也較多采多姿些，像查兩個城市之間的直線距離的，都有一種名叫："Direct-Line Distance"（還分美國和國際版兩冊）的書可查。如果要出國旅行，要查世界各重要城市的各月份氣溫，也有「The World Weather Guide」（世界氣候指南）可用。這似乎顯示國外較重視各種資料彙整的工作，——像著名的「金氏紀錄大典」的由來，只不過是在一九五一年，英國金氏啤酒公司的總裁休斯爵士，在一次出外打獵，因爲屢射金鷸鳥不中，他和與會貴賓因而引發金鷸鳥是否是世界飛得最快的鳥的爭議，而徧查書籍不著之下，乃引起他請人編撰各種世界之最的「金氏紀錄大典」的動機。這種並非學術性，但有時也很有用的參考書，外文書編印了不少，如「Famous First Facts」（有名的第一件事）、「Fact about Presidents」（總統紀錄大全）、「National Faculty Directory」（全國教授名錄）……等各種形形色色的工具書，都是我們所缺乏的。而如果要查國際性的資料，恐怕也大都得借重西文參考書，如「World of Learning」（世界學術機構錄）、「Yearbook of International Organization」（國際組織名錄）……等，中文參考書甚少有這種世界性的綜覽資料可查，使得我們國人查這些資料，都不得不應用讀起來較吃力的外文工具書了。

其次，我們的中文參考工具書，通常較不注重資料的隨時修訂，以維持資料的新穎性。「環華百科全書」、教育廳的「中華兒童百科全書」都是十幾年前的產物，至今還不曾修訂；商務印書館的「中正科技大辭典」、「中山自然科學大辭典」、「雲五社會科學大辭典」、「教育大辭書」等四部以前著名的學科辭典，也都是二十幾年前出版的，至今還是原封未改的擺在書架上，其內容及所收的條目恐怕不是過時就是不足了。文化大學的「日本簡明百科全書」、國防研究院的「蘇聯簡明百科全書」，更還是三十幾年前出版的，圖書館員既不好用它們，它們太陳舊了，卻又不能把它們收到書庫去，因爲還沒出現新版或可替代的相類似性質的參考書呢！相對之下，西文參考書更新較快，百科全書每年都有10%更新內容的新版（雖然圖書館未必有經費年年買新版的），其他各科辭典也罕見一、二十年不曾修訂過的，年鑑、名錄、手冊等更常常年年更新。

若談到編輯體例，外文參考書在各種索引及輔助查檢系統方面似乎較完備，中文參考書則還比較不重視些。舉例而言，國內某家出版社出版了一大堆各學科辭典，但就份量而言，都薄薄的，沒有工具書應有的氣勢，因爲其內容都只是名詞對譯而已，根本沒對詞條做任何解釋。而最重要的是它們都是英漢對照而已；但如果僅知中文名詞，要查其英文名詞，就無從查起了，因爲它們沒另外編個中對英的索引。而這家出版社的各種學科辭典，或許是促銷有術，也或許我們太缺乏各學科參考書了，因此還是充斥在各圖書館的書架上。此外，我國古代有許多收錄、剪裁各種事物、詩詞章句組合而成的類書（號稱我國古代的百科全書），如「古今圖書集成」、「佩文韻府」、「冊府元龜」……，也都有出版社從古書影印出版了，卻鮮少爲它們稍加整理，編個完善好用的索引，使得這些類書還是偏僻難用，除了學者或中文系、圖書館系的學生做作業，不得不接觸外，很少有一般民衆知道這些書是要做什麼用的。

當然，我們也有一些參考書的模範生，像佛光出版社的「佛光大辭典」、中華徵信所的「國際金融貿易大辭典」……等，都是圖書館員認爲很好使用的學科辭典。而經濟日報社的「中華民國經濟年鑑」、新聞局的「英文版中華民國年鑑」、英文中國日報社的「臺灣指南」（Directory of Taiwan）、中華徵信所的「中華民國大型企業排名」……等，也都是每年出得又快又準時的年鑑。中央通訊社最近幾年，每年編印「世界年鑑」，終於讓我們也有像美國的「World Almanac」、和英國的「Whitaker's Almanack」那樣的有關時事及綜合性資料的年鑑曆書可查了。香港中文大學中國文化研究所最近幾年和我們的商務印書館合作編印「先秦兩漢古籍逐字索引叢刊」，將「世說新語」等古籍以電腦編印成逐字索引（從任何字皆可查到出處），使古籍的生命復活起來——這些都是值得我們欣慰的。

但綜觀起來，我們的參考工具書，在出版界處於弱勢局面，大概有幾個原因：

第一，編參考工具書，通常是龐大的工程，既要耗費大量經費又需一群專精人才，而國內市場不大，因此出版社頗不敢投注於此。所以，美國能有專門以出版參考書爲主要業務的出版社，如鮑克公司（R.R.Bowker Company）、威爾森公司（H.W.Wilson Company）、蓋爾公司（Gale Research Company）……等，而國內則只能靠某些公家機構、學術團體等長期支撐參考書的出版，其他大小出版社則只能扮演偶而插花出幾次大小部頭的工具書的角色，參考書出版市場之低迷固其來有自矣！但吾人深信，只要是好的參考書一定仍有其市場的，至少，國內三、四千所圖書館應在政府的經費的支持下，做這些參考書的基本後盾。

其次，參考書的編纂，雖然是經世濟民的千秋萬世之大業，學者教授等自然也應該多編些各該學科的參考書。但編參考書在目前國內跟翻譯一樣，不被承認是學術著作，無法升等、獎勵的，許多教授學者因之抱著何苦幹這種苦差事的心情，這或許是我們有關當局值得考慮改進的。

日本有家著名的出版社—講談社（Kodansha），雖然並非完全是專業的參考書出版社，但它也出了不少「百科事典」、「字辭典」等日文參考工具書，最重要的，它還有國際觀，在美國也成立講談社國際公司，先後出版了兩套著名的英文版日本百科全書：「Kodansha Encyclopedia of Japan」（九大冊）及「Japan: An Illustrated Encyclopedia」（兩大冊）——藉著這種方便查檢，資料又精煉濃縮的參考書，來讓國外的世界認識日本、了解日本；或許這更是出版社對參考書的編印理想之更上一層的境界了，值得我們出版界爲此深思。

（原載聯合報84年7月13日讀書人版）

參考工具書中所見的我國名稱

自從民國六十年我們退出聯合國後，我國參加各種國際組織、國際性運動會，就常因國號、名稱的問題引起爭擾，也使我國喪失不少國際組織的席位和國際運動項目參賽的機會。

一九八四年我國以「中華臺北」（Chinese Taipei）的名稱參加洛杉磯奧運會而重返國際體壇，「中華臺北」似乎成爲爾後參加各種國際活動的一個名稱模式。我國政府最近似乎也認爲「中華臺北」是一個可勉強接受的名稱，「中國臺北」則不可認同（去年亞銀年會即是在「抗議中」與會的），因此，今年開放體育團隊到大陸參加比賽，也是必須在「中華臺北」名稱的條件下才得以促成的。

多年來我們的國號名稱問題，因受中共多方干擾，使得我國的外交工作及民間交流活動均感困難，政府有關單位維護我國主權前提下，爲謀重返國際社會，不得不有所謂「彈性外交政策」，外交部也曾就各種我國的名稱加以檢討討論，而有奧運模式的名稱推出，這些都不能不說是我們爭千秋不爭一時的委屈。

而國外出版的各種國際指南、名錄性質的參考工具書，對我國的名稱及排列，卻各有不同，但總括看來，大部分的參考書仍然視我國爲一個實體國家，對我們的權益應無損害，可見「學術」畢竟較能超脫實際的「政治」干擾。

比較有名的幾種國際指南工具書，對我國和中共的名稱排列，大致可分爲兩類：

第一類是將我國和中共緊鄰兩個章節，都排在「C」，唯我國因先天字母順序吃虧，老是列在中共之後，這種情況，像下列幾種書：

(1)**「政治家年鑑」**（The Stateman's Yearbook）——目錄上列出Taiwan，卻緊排於China之後，但內文標題則除Taiwan外，下一行另有Republic of China字樣。

(2)**「世界學術機構錄」**（World of Learning）——稱我國爲China（Taiwan）。

(3)**「世界政治手冊」**（Political Handbook of the World）——目錄上用China作標題，下列兩行，一爲中共，一爲臺灣，但在內文標題，則列我國爲China: Taiwan，下一行則註明Republic of China，再下一行爲羅馬拼音Chug-hua Min Kuo。

(4)**「世界政府及統治者」**（Rulers and Government of the World）——則稱我國爲China, Republic of（Taiwan）。

(5)**「歐羅巴年鑑」**（The Europa Yearbook）——列我國爲China（Taiwan）。

(6)**「世界圖書館指南」**（World Guide to Libraries）——是德國K.G.Saur公司出版，稱我國爲China, Republic，但在目錄上分爲英文、德文兩欄，英文部分，我們排在中共之後，而在德文部分，我國China, Republik卻排在中共China, Volksrepublic之前，這是我們唯一超前之處。

第二類是將我國和中共遠隔兩個章節，一排在「T」，一排在「C」，似乎認爲我們是分裂的兩個國體，如——

(1)**「世界政治體制百科全書」**（World Encyclopedia of Political Systems）——目錄將我國列於「T」欄，稱Taiwan，但內文標題卻稱爲最適當的Republic of China（Chung Hua Min Kuo），沒有Taiwan的字樣。

(2)**「世界國家標誌百科全書」**（Worldmark Encyclopedia of the Nations）——內文標題列爲三行，分別是Taiwan, Republic of China和Chung Hwa Min Kuo，旁邊還有國徽和國旗。

(3)**「世界的國家和領導者」**（Countries of the World and Their Leaders）——在目錄上註明China, Republic見Taiwan，本文標題僅稱Taiwan,（Formerly Republic of China）。

(4)**美國海軍研究所出版社出版的「世界戰鬥艦隊」**（Combat Fleets of The World）——在內文上亦分Taiwan和Republic of China兩行。

(5)**「珍氏戰船年鑑」**（Jane's Fighting Ship）——85／86年版稱Taiwan，87／88年版則稱Taiwan ROC。

(6)**「國際大學手冊」**（International Handbook of Universities）——則僅稱Taiwan。

最不好的是出版「歐羅巴年鑑」的同一公司所印行的另一本「遠東和澳洲年鑑」（The Far

East and Australasia）則將我國併於與中國同一章節，有似其附錄而已，而香港反而另起一章節，該書或許值得新聞局國際處去函抗議。

（原載中國時報78年5月1日開卷版）

一九九五年美國傑出工具書

參考工具書是提供人們查檢資料最便捷的書籍，它的特性是蒐錄大量且密集有關主題的文獻，用精煉的表達方式和特殊的排列方法加以編纂而成，以方便讀者查詢資料或解決疑難（而非像一般書籍是供全面性或系統性閱讀的）爲目的；例如字辭典、百科全書、年鑑、手冊、指南、名錄、書目、索引……等等，都是一般圖書館學者所認定是參考書的類型的。

由於參考書不僅是治學的工具，也是自我學習的良師益友，因之，出版先進國家——如美、英、日等國都非常重視參考書的編輯和出版；特別是美國，甚至有專門以出版參考書爲主要業務的出版社，像著名的鮑克公司、威爾森公司、蓋爾公司……等等都是。

美國一年出版有多少種參考工具書，雖然沒有確切的統計數據，但根據「圖書館無限公司出版社」（Libraries Unlimited）每年出版的《美國參考書年鑑》（American Reference Book Annual—簡稱ARBA）其一九九四年版所收錄的九三年出版的參考書計有二、〇三一種——這還只是有經過其評鑑的而已，可見美國參考書出版之興盛。

圖書館蒐集各類參考工具書自然愈多愈好，也才愈能滿足各類讀者各種不同需求的查尋和參考。不過，一般而言，參考工具書不是卷帙繁厚就是體積龐大，要不然就是大部頭套書，價格也都昂貴，因此，除了基本的字辭典、百科全書外，中小型圖書館不見得能樣樣都買。「圖書館無限公司出版社」因此每年也從前述的ARBA中再選出四、五百種，編印成《中小型圖書館推荐參考書書目》，以供中小型圖書選擇訂購。

然而，猶如我們國內的中華民國兒童文學會每年定期對出版的數百種童書，委請學者專家評鑑、選拔數十種特別優秀的圖書，而後對社會加以推荐的「好書大家讀」活動一樣，美國對每年出版的一、兩千種參考工具書，也有民間單位在評選有那幾種是比較傑出或特殊的參考工具書，值得圖書館訂購，或供有興趣、有需要的個人讀者做爲購買的參考。—美國圖書館協會的「參考及成人服務部」每年就聘請各地著名的參考圖書館員組成「參考資源委員會」，就年度出版的參考書中評審、公布出年度「傑出參考資源」（Outstanding Reference Source）

一九九五年的這項評審活動亦經評選委員歷時一年的審查和不斷透過電子郵件、傳眞、書信、電話及面對面方式的討論，終於選出了一九九四年間出版的二十九種傑出「參考書」（應稱「參考資源」較好，因爲其中包括一種光碟形式的媒體）。這二十九種參考書是：

・文化、文明類・

1《美國的十年代》（American Decades, 一九五〇—一九六〇及一九六〇—一九六八兩冊），蓋爾公司（Gale）出版。

2《占星術百科全書》（The Astrology Encyclopedia），也是蓋爾公司出版。

3《黑人的第一：二千年來非凡的成就》（Black Firsts: 2,000 Year of Extraordinary Achievement），也是蓋爾公司出版。

4《牛仔百科全書》（The Cowboy Encyclopedia），由ABC-Clio出版。

5《美國印第安服飾百科全書》（Encyclopedia of American Indian Costume），ABC-Clio出版。

6《人類行為百科全書》（Encyclopedia of Human Behavior）四大冊，由「學術出版社」（Academic Press）發行。

7《傳統史詩百科全書》（Encyclopedia of Traditional Epics）,ABC-Clio出版。

8《雜耍百科全書》（Encyclopedia of Vaudeville），由「綠木」（Green Wood）出版社出版。

9《美國的西班牙文化手冊》（Handbook of Hispanic Cultures in the U.S.）一四大冊，由Arte Publico Press出版。

10《北美殖民地百科全書》（Encyclopedia of the North American Colonies），由 Charles Scribner公司出版。

11《邁向總統之路—候選人和他們的形象》（Running for President: The Candidates and

Their Images）—兩大冊，由塞門舒斯特公司（Simon & Schuster）發行。

·一般類·

1《醫藥指南》（Alternative Medicine: The Definitive Guide），由Future Medicine Publishing, Inc.出版。

2《釣魚百科全書》（The Dorling Kindersley Encyclopedia of Fishing），由國內出版界熟悉的DK—（Dorling Kindersley）公司出版。

3《馬的百科全書》（The Encyclopedia of the Horse），也是由DK出版。

4《牛津酒類辭典》（The Oxford Companion to Wine），牛津大學出版社印行。

·語言文學類·

1《美國原住民文學辭典》（Dictionary of Native American Literature），Garland公司出版。

2《同性戀文獻》（Gay & Lesbian Literature），由St. James公司出版。

3《紐約公共圖書館作家文體及用法指南》（New York Public Library Writer's Guide to Style and Usage），由哈伯·柯林斯公司（Harper Collins）出版。

4《藍燈書屋美國手語辭典》（Random House American Sign Language Dictionary），藍燈書屋出版。

5《藍燈書屋美國俚語辭典》（Random House Historical Dictionary of American Slang），亦

是藍燈書屋出版。（僅出版第一冊，預計會出三大冊）

·法律類·

1《偉大的美國審判》（Great American Trials），蓋爾公司出版。

·科技類·

1《產品製造繪圖指南》（How Products Are Made: An Illustrated Guide to Product Manufacturing），蓋爾公司出版。

2《麥格勞·希爾多媒體百科全書》（McGraw-Hill Multimedia Encyclopedia of Science and Technology），是光碟版（CD-ROM），由麥格勞·希爾公司出版。

·環境科學類·

1《環境百科全書》（Environment Encyclopedia），蓋爾公司出版。

·社會科學類·

1《消費者品牌百全書》（Encyclopedia of Consumer Brands: An Illustrated Guide to Product Manufacturing），由St.James Press出版。

2《美國法律系統百科全書》（Encyclopedia of the American Legislative System）三大冊，Charles Scribner出版。

3《美國軍事百科全書》（Encyclopedia of American Military）——三大冊，Charles Scribner出版。

4《美國總統職位百科全書》（Encyclopedia of American Presidency）—四大冊，塞門舒斯特公司出版。

·**傳記類**·

1《黑人棒球聯盟人物傳記百科全書》（The Biographical Encyclopedia of the Negro Baseball Leagues），Carroll & Graf公司出版。

這其中，塞門舒斯特公司的《美國總統職位百科全書》還特別再被選為一九九五年「達特茅斯獎章」（1995 Dartmouth Medal），以獎勵其在編輯出版有品質、有意義的參考書上之傑出成就。

當然，這些年度傑出參考書，未必都適合我們國內圖書館的需求，本文僅在由介紹這項評選參考書的名單，見微知著的了解美國參考書出版的多樣性——例如，很細微的項目，像牛仔、馬、雜耍……等等都能編出頁數龐大的百科全書，這點是值得我們出版界參考的。我們由入選圖書的幾個出版社，也可印證前面所言，美國確有不少以出版參考工具書為主要業務的出版社，像蓋爾公司、DK公司、Charles Scribner……等都有好幾種書在入選名單內。一般而言，出版參考工具書風險較大，亦絕非像通俗小說或一般熱門書籍能擠入暢銷書排行榜之內，故他們的出版理想及宗旨，實值得敬佩和效法的。

（原載中央日報84年7月26日讀書版）

知識的範典

——大英百科全書新貌

大英百科全書（Encyclopaedia Britannica）是西洋百科全書中最負盛名且最具權威性和學術性的一種，也是近代英文百科全書歷史最悠久的一種，它的第一版從一七六八年在英國愛丁堡大學印行，到一七七一年才算出齊，當時只有三卷，二千六百五十九頁而已。

其後，隨著時代的演進，大英百科全書也隨著知識不斷的增長或變遷而不斷的修訂、再版。大英的修訂，有兩種情形：第一，如果內容之全部或絕大部分都經過修訂增刪，或是編輯體例、方法上有大幅度的變革，則稱之爲新版（new edition）。第二，若僅是內容稍作局部的增刪（通常每一、兩年都會），或是編製體例稍加一點變動，而其編製精神依舊的話，則不稱之爲新版，而僅是新的「印次」（printing）。

大英百科全書兩百多年來，已出版了十五版，版和版之間，如內容稍作修訂的，即是各年度的「

印次」版，例如一九七四年開始印行的十五版大英百科全書全套有三十冊，其後每一、兩年因資料的變動，總會作小幅度的修改或增刪，因此有所謂一九八〇、一九八一、一九八二……年印次的大英百科全書，而篇幅都維持在三十冊。

它的新增資料、修改資料，是插入原編頁之中，以避免牽一髮而動全身，例如第一五〇頁和一五一頁之間要加入或改動一些資料，則新增的資料變爲一五〇a、一五〇c……等頁次，後面的頁次即可不變。而今年（一九八五年印次）的大英百科全書，則內容變動較多，全書增爲三十二大冊，而且編製體例也略爲更動，照理講應算爲新版才對，但是因爲其體例精神和使用方法仍一如一九七四年，因此，它還是屬於第十五版的範圍，因此本文介紹的一九八五年次大英百科全書，可說是十五版的一種新貌。

芝加哥大學和大英百科全書公司

大英百科全書起源自英國，初期自然充滿英國氣息，（連書名Encyclopaedia Britannica也比美國的百科全書Encyclopedia多了一個a字）；但一九二〇年後，大英版權爲美國西爾斯・羅巴克公司（Sears Roebuck）所購買後，英國的色彩已大爲減少，這對大英邁進國際化有很大的影響。

然而出版百科全書畢竟是一件耗費人力、財力的大事，尤其爲了資料的新穎，需經常再版，不僅需有資金還需要有學術界作爲雄厚的後盾，因此一九二七年後，羅巴克公司曾願意將大英轉讓給芝加哥大學負責編印，唯芝加哥大學董事會未予同意，第十四版仍由羅巴克公司出版。

一九四三年，該公司再度與芝大洽商轉讓事宜，芝大董事會仍認爲以學校名義編印百科全書並不妥當，未接受此項轉讓。當時芝大副校長班頓（William Benton）乃以個人名義提供據說是十萬美元的款項，成立大英百科全書公司（Encyclopaedia Britannica, Inc.），由其出任董事長，並取得普通股所有權，而由芝大保留優先股，芝大當局才同意承擔此項編輯重任。（參見彭歌著「第十五版的大英百科全書」中央日報六十三年二月十四日副刊）

因此，爾後之大英百科全書乃由芝加哥大學的教授團（faculty）承擔主要編務，也尋求到牛津大學、劍橋大學、倫敦大學、愛丁堡大學、東京大學、澳洲國立大學等學校組織或選拔優秀教授委員會，擔任編輯顧問。

所謂的 EB3 或 B3

大英百科全書各版次中，以歷史眼光而言，第九版和第十一版最富學術性，圖書館均不因其陳舊而淘汰，也是藏書家搜購、珍藏的版次；大英的學術性權威也因此而受到肯定。然而「學術性」也是造成大家認爲它艱深、難懂的印象，長篇大論的學術性文章，也常嚇倒一般的讀者。

爲了適應更多讀者查詢、研究的需要，也爲達到大英所揭櫫的「讓知識成長，以充實、豐富人類的生活」之目的，大英百科全書無論在內容和編輯技術上，一再力求改進，一九七四年大英印行的第十五版就有了百科全書史上的一大革新。

十五版的內容龐大，有以下的紀錄：全書三十大冊，三萬三千一百四十頁，四千一百萬字，二千零六十三幅照片、一千二百張地圖、三千五百八十二張插圖；參與撰稿者有來自一百卅四個國家的四千二百多位學者專家，編輯人員三百六十人，花費成本三千二百萬美元，耗時十五年（十年設計，五年寫作編輯）。

除此之外，在編製體例上，十五版也作了一次創新性的編法。蓋一般百科全書不是走能夠迅速查檢，獲得一般概括性資料的短篇論題（Short Article）的形式，每個論題只有短短數百字，只能讓讀者對此論題有個粗淺認識，要不然就是以長篇大論的學術論文，讓一般讀者望而卻步。所以十五版兼顧兩者的優缺點，將全套書三十冊分爲三大部分：

第一部分是「前知」（Propaedia，或稱導讀、知識之綱要、開始前之學習、百科類目），僅占一冊，七八〇頁，這一部分是將人類知識作最精簡的提要，同時列成綱目表，讓人對知識的系統性有完整的認識。

第二部分是「小知」（Micropaedia，或稱快速參考資料、百科簡編），共十冊，對每一條文或論題只作最簡要的討論或敘述，文字以不超過七五〇字爲原則，可使不欲深入探討，只願即刻獲得簡要資料者查詢。

第三部分稱爲「大知」（Macropaedia，或稱知識的深度、百科詳編），共十九冊，是第二部分各款目的擴大，條目的字數有時可成爲專書，此部分專供想深入研究某專題的讀者閱讀、研究之用。由於大英這種「三分天下」的編輯方法，因此一般皆以Britannica 3或EB3, B3等稱之。

一九八五年次的再革新

大英十五版這種獨特的形式於一九七四年問世後，受到許多專家學者的讚美。基士特（Kister）在他著名的「百科全書購買指南」（Encyclopedia Buying Guide）中也極力推荐這套書爲所有圖書館所必備。

但是EB3，並非沒有缺失，例如它以後每年的修訂率不夠標準的一〇%，部分文字仍嫌深奧；但最重要的是沒有一個能貫通它三大部分的索引，因此對想一魚三吃的讀者而言，仍感不夠方便。大英的編輯部門在十五版刊行後，除了每年作一般性小幅度的增訂外，一方面也留意讀者使用的情形和意見。

經過十年來的觀察、考慮各方面的建議和觀點，終於在一九八五年版次作較大的修訂和變動，這種變動，當然不像十四版改爲十五版時那樣引起震驚，但編者們相信這種變動將會帶給讀者更大的方便，也能使十五版更爲完美。雖然一九八五年版已增爲三十二冊，但如前面所提，它仍然維持十五版的目的理念，因此它仍算是十五版。

而增加了兩冊，使得它的總字數已超過四千四百萬字，它的體例則分爲四大部分：第一部分「索引」，計兩冊，可供檢索大英其他三部份及其年鑑所附增的「世界資料統計」（World Data）：第二部分「小知」（百科簡編），則增爲十二冊（第一—十二冊），也是對每一論題僅作簡要的討論或敘述；第三部分則是「大知」（百科詳編），計十七冊（第十三冊—二十九冊），也是專供深入研究之用的。第四部分則是以前的第一部分「前知」（百科類目），計一冊，是知識的綱要，提供讀者作自我教育之用。

在第四部分，大英將人類知識分爲十大類別，第一—九類分別是「物質和能源」（Matter and Energy）、「地球」（Earth）、「地球上的生命」（Life of Earth）、「人類的生命」（Human Life）、「人類的社會」（Human Society）、「藝術」（Art）、「技術」（Technology）、「宗教」（Religion）、「人類的歷史」（The History of Mankind），每個類別分爲若干綱，綱下再分爲若干目，形成一個知識的體系。

第十大類別是知識的分支（The Branch of Knowledge），是前九類各類學術發展的體系，例如人類社會發展的情形和體系是在第五類「人類的社會」，但「社會學」的發展和體系則在這第十類；相同的，植物的體系是在「地球上的生命」那一類，但「植物學」的體系則在第十類。總之，這一冊的知識綱要，使百科全書不僅只是資料的倉庫而已，也使得讀者能得到完整的知識概念。

另外，大英百科全書爲了資料的新穎，每年出版了「大英百科年鑑」（Britannica Book of the Year）、「醫學健康年鑑」（Medical and Health Annual）、及「科學及未來年鑑」（Yearbook of

Science and Future）。自一九八五年起，在「大英百科年鑑」附加了大約與年鑑相同篇幅的「世界資料統計」（黃色紙張），以圖表方式列出世界各國各種國情、經濟、軍事等的統計資料，及世界各種資料的比較統計圖表；這也是大英百科全書一九八五年次的一項更新。

現在我們以農業（Agriculture）這個條目爲實例，簡單介紹各部分的內容和查檢方法，以便了解它的特色：

第一部分：索引（兩冊）——

A、索引首先指出在第一冊（屬於小知部分）第一五六頁，第二欄上方（a代表上方，b代表下方）有關於農業的簡要資料。

B、其次也可參見大英「世界資料統計」第二個Section有關農業統計的比較表。

C、有關農業各種深入研究資料，則可查「農業的歷史」（指出在第十三冊一八五頁第一欄上方起有這樣的資料）、「土地改革和保有」（指出在第二十二冊五五八頁第一欄下方）……等等各有關論題。

D、還有其他各個有關農業的次要論題（Subheading），如農場管理……等。

E、在「前知」的第七三一節還有關於農業的相關綱目表，可做自我研究參考。

F、各種參照（cross reference）幫助你還可參考其他有關論題，如園藝、農業組織……等。

第二部分：小知（十二冊，本文第一——十二冊）——

A、這是位在第一冊第一五六頁，第二欄上方有關農業的一段簡要敘述，如需要迅速查檢農業定義的人，使用此資料即可。

B、指示你還有許多詳細資料在大知部分。

C、爲了你爾後的自我研究、學習，你還應參考「前知」（知識的綱領）第七類，第三節。

D、指示你，如要最近有關的統計資料，請查最新一本年鑑所附的「世界資料統計」。

E、在這一頁的第一欄，你也可看到有關「農業科學」這個論題的簡要資料。

第三部分：大知（十七冊，本文第十三——二十九冊）——

A、如索引指示的，有關「農業的歷史」在第十三冊一八五頁第一欄開始，你可發現這個論題的內容長達二、三十頁。

B、開始時有一段簡單的介紹。

C、對內容有一個目次，幫助你迅速翻到你所需要某一小項目，或對整個內容有個了解。

D、邊緣的註明指示與這論題相關連的重要特殊資料。

E、「大知」後頭常附有關之參考書目，可供進一步閱讀之用。

第四部分：前知（知識的綱領，一冊）

A、你可看出「農業」在知識的綱領中所在的位置及和其他綱目的關係。農業是在知識體系中第七大類，「技術」第七三一節中，且和食品製造相提並論。

B、列出第七三一節的細分。

C、建議可在「大知」、「小知」中分別讀所列出來的有關論題。

世界資料統計：（附在大英百科年鑑後面，與年鑑合為一冊）——

A、由索引找出在世界資料統計第二節第八六二頁有相關的統計資料，首先提供一段有關圖表的簡要說明。

B、列出統計圖表。

C、第二節第八六八頁有關農作物和家畜的調查、分類，指引你如何分析統計。

D、列出其他各項的統計圖表。

由上述之例，可見新的大英百科全書增加了獨立的索引，可以貫穿檢索其他各部分，讓讀者依其所需翻檢所要資料，也可讓讀者在翻查某一論題時，順便了解這個論題的其他有關條款，以及明瞭論題的知識系統。

幾種版本

一九八五年次的大英百科全書售價依裝訂的不同分爲四種：

「董事長版」（Chairman's edition）以眞皮革裝訂，適合收藏家留存，唯定價高昂，一套六千美元，而且只限售一百部。

「政治家版」（Stateman's edition），純纖維皮裝訂，書口及書頂燙金，定價兩千兩百四十九美金，只發售一萬九千九百九十九部。

「傳家版」（Heirloom edition），黑皮纖維皮革裝訂，書口及書頂燙金，定價一千四百九十九美元。

第四種是最普及的「典雅棕色版」（Classic Brown edition），臺灣目前上市的就是這種，定價一千兩百四十九元。

（原載自由青年六七四期74年10月）

從另一角度看大英百科全書的翻印

兩年前國內的中華書局在未正式向大英百科全書總公司取得同意授權，即率先印行中文版第一冊。雖然中華書局聲稱已將版權費提存，但大英百科全書公司仍然全力阻止中文版的發行，據說還透過政府的壓力，終迫使中華書局的中譯本停止出版。

最近丹青圖書公司又欲印行中文版大英百科全書；這次是因爲解嚴關係，導致大陸出版品部分開放，丹青圖書公司乃聲稱將透過管道取得大陸印行大英百科全書之出版社的授權，並將簡體字改爲繁體字後在國內出版。大英百科全書在大陸稱之爲「大不列顚百科全書」，是美國大英百科全書授權大陸翻譯的中文版，丹青認爲只要間接向大陸方面取得翻印權即可，但大英百科全書總公司認爲未經該公司同意而改印繁體字版，仍然是一種盜版行爲，已聲明要阻止此項翻印。據了解，大英百科全書總公司最近一再透過官方管道，要求政府注意丹青圖書公司的出版行爲；同時似乎怕我們政府的力量緩不濟急，又在九月廿七日派其編輯委員會副主席吉布尼來臺與中華書局簽訂合約，同意由中華書局譯印簡明版大英百科全書。因此，如果沒有丹青事件，中華書局能否獲得翻印權，實未可知。

就丹青出版的事件而言，不管其應向美國大英百科全書公司或應向大陸方面取得授權，但在未正式獲得授權之前，就已在報上刊登大幅出書、付款辦法的廣告，似乎有點不妥，即使它在廣告中聲稱訂購者收到書後才付款，但萬一它像以前中華書局一樣，出到第三冊了，才被迫停止印行，那麼讀者只收到三本書，不能成套，買了三本又何用？因此這是忽略了讀者以後的風險和權益。同時丹青這套「大不列顛百科全書」是大英百科全書的簡明版，因爲它全套只有廿冊，而新版的大英百科全書全套是卅二大冊，計分「百科簡編」（Micropaedia-Ready Reference）—第一至十二冊；「百科詳編」（Macropaedia-Knowledge in Dept）—第十三至廿九冊；另外「百科類目」（Propaedia-Outline of Knowledge）一冊，索引（Index）二冊；至若丹青的「大不列顛百科全書」的內容如何？編排體例如何？是否照原書方式？在廣告中均未見說明，似有未盡報實之嫌，預約此套書的讀者，恐怕還有很多人不知道買的只是簡明版、濃縮版呢！（中華書局的譯印本是僅就「百科簡編」部分翻譯而已，也不是全本的大英百科）。

出版業者選擇最具學術氣息的大英百科全書，欲將其翻譯、翻印，若拋開商業眼光來看，吾人不可不謂其有提升學術風氣和出版水準的精神；但總要顧及讀者的權益和商業道德，未經合法的翻印，更是會使國家聲譽受損；臺灣的西書翻印，一向遭外人詬病，廿幾年前，美國一位圖書館學家凱塞（Kaser,David）還寫了一本《臺灣的書籍盜印》（Book Pirating in Taiwan），就是專門探討臺灣外文書盜印的問題。去年開始，內政部已同意給予美國著作權互惠保護，凡美國著作一經完成，無須向我國註冊，即受到我國著作權保護，這已使國內西書翻印問題稍見好轉，因此最好不要因大英的翻印再引起國際側目。

從另一個角度而言，翻譯或翻印他國百科全書，總未必完全適合本國需要，因爲各國百科全書總偏重自己的國情及需求，以及自己的歷史文化背景。同時，百科全書是一國文化的表徵，也可說是國力的象徵，先進國家幾乎都有一部（或一部以上）能夠反映其國家特性的著名百科全書，且長期在修訂出版，以維持其資料的新穎性。故我們認爲國內出版業者與其搶著翻譯、翻印外國百科全書，不如業者間聯合起來，或與政府、學術機構結合，全力編印一套合乎自己國情且具學術水準的中文百科全書，如此對文化、學術之貢獻更大矣。更進一步，像日本的講談社，爲了拓展日本文化於國際，還成立了「講談社國際公司」，專門出版介紹日本文化的英文書籍，以供外人了解日本之用，一九八四年更出版了「英文版日本百科全書」（九大冊），像這種發揚本國學術、文化於國際的精神和魄力，亦值得國內出版業者借鑑的。

（原載中國論壇二九〇期76年10月25日，中央日報海外版76年10月31日轉載）

沒有圍牆的大學
——大英百科全書二百二十五年

歷史悠久且最具學術權威的大英百科全書，已邁向兩百二十五年。

從大英百科全書或該公司其他的系列出版品書名頁上，我們常會看到一株帶刺的植物——「薊」的圖誌，有的書在薊的下面還有一七六八的數字。這些標誌和數字顯示著大英百科的歷史——薊是蘇格蘭的國花，一七六八年蘇格蘭雕刻家貝爾（A. Bell）和印刷商人麥克法夸爾（C. Macfarquhar）及自然歷史學家兼骨董商、印刷商人斯梅利（W. Smellie）三人共同創編了這套影響後世深遠的百科全書。第一版只有三冊，雖然包括了四十五個學科門類，但內容偏重實用性質的條目，如養蜂、養馬、釀酒、接生術……等等，產科學的幾個插圖，甚至震動了當時的社會。雖然第一版編輯設計粗略，部分內容敍述偏頗，受到不少批評，但它將重要主題歸納成長篇論文，也將包羅萬象的知識整理成短的、字典式的條目以便查考，使它成功地邁出第一大步。兩百多年前編印的第一版，現在已有複製品上市，售價一九八美元。

兩百多年來，大英百科在內容和編輯體例上一再力求改進，其中以第九版和第十一版最具學術性，而最新第十五版的框架則最具開創性。如同第一版的三人小組，大英百科在歷史上也有其他兩次著名的三人小組，其一是一八八〇年到一八九〇年間美國出版商胡珀（H. E. Hopper）和傑克遜（W. M. Jackson）結合倫敦泰晤士報的經理貝爾（M. Bell）以宣傳和促銷挽救當時處於經濟困境的大英百科全書，並使大英百科走向英美合編和版權轉向美國的第一步，大英百科也逐漸成爲享有盛名的權威工具書。

另一次著名的三人成員則於本世紀四十年代第十四版，開始把大英百科推向黃金時代，其一是美國企業界巨子伍德（R. E. Wood），也是大英的經濟後盾；美國廣告界聞人本頓（W. Benton），曾任政府官員，致力推廣大英百科全書的事業，奠下各項業務的基礎；芝加哥大學校長赫欽斯（R. M. Hutchins）則是使大英百科落腳於芝加哥大學的最大功臣。伍德死後，則又有著名學者阿德勒（M. J. Adler）遞補，他是第十五版大英百科的框架設計人，和赫欽斯合作主編「西方世界偉大經典」叢書。這三代的三人成員，代表大英百科全書發展的關鍵時期，也是大英百科史上最有貢獻的人物。

目前大英的第十五版，一九七四年修訂出版，融合了一般百科全書大條目和小條目且各取其長，使其能兼具學術、教育和參考查檢的功能。全套書分爲「百科詳編」、「百科簡編」和「百科類目」三大部分。一九八六年後增加兩冊索引，成爲現今的卅二冊版本。這種編輯架構，是百科全書編纂史上的一大革新。

回顧大英百科兩百二十五年的歷史，我們見到其執著傳統的一面，它的蘇格蘭薊標誌，甚至於書名Encyclopaedia Britannica的"Encyclopaedia"一字，也比人家多了一個「a」字，這些都永遠顯示其源自英國。自落籍美國後，則不斷發展、創新。

目前大英百科全書公司，旗下擁有五大事業系統，一九九一年營業額達六億兩千七百萬美元，在美國出版界排名第七，其產品除了大英百科全書外，尚有適合青少年的「康普頓百科全書」、「大英兒童百科全書」、「大英視覺藝術百科全書」、「大英科技百科全書」、「韋氏國際辭典」、「大英世界地圖全集」、「西方世界偉大經典」叢書及各種年鑑等，其他教育的錄影帶也發行全世界。大英國際公司協助各國編譯各國版本的大英百科全書，國內中華書局在五年前與大英公司合作出版簡編百科的中譯本，年底大英公司將來臺自行翻譯出版全套中文版。

隨著潮流的發展，大英百科公司各類出版品也逐漸發展成光碟或電子產品，但素有「沒有圍牆的大學」之稱的大英百科全書，其致力於使教育更爲便捷有效的目標，將是永遠不變的。

附：薊──大英百科的標誌

著名的百科全書通常會有一個代表標誌，如「大美百科全書」的標誌是一盞神燈（暗示擦這盞燈，你所要的智識即會呈現）；而「大英百科全書」的標誌則是蘇格蘭薊（thistle）代表「大英百科全書」

的發源地在蘇格蘭。傳說古代北歐維京海盜侵襲歐洲，攻打蘇格蘭愛丁堡時，這些凶悍赤腳的海盜，一上岸就被遍地帶刺的薊草刺得哇哇大叫，落荒而逃。蘇格蘭居民於是將這救命的薊花奉爲國花。「大英百科」因爲是在十八世紀誕生於愛丁堡，於是將薊花當作標誌，以後「大英百科全書」成立公司，公司的各種出版品也就沿用這個標誌。

大英百科全書公司計畫自今年年底起將全套百科全書翻譯成中文版（原由中華書局出版的簡明版中譯本將停止發行），若此計畫成眞，不久的將來，這個薊花標誌亦將展現於中文讀者的眼前了。

（原載聯合報82年9月30日讀書人版）

世界，在一部書中

參考工具書之王——百科全書

丹青圖書公司和中華書局的大英百科全書中文版權紛爭再度引起大衆對百科全書的興趣，尤其是大家經濟能力普遍寬裕，已有愈多人想要買一套百科全書擺設在家裏增添些許書香，百科全書在我國，將漸漸不再專屬於圖書館了。

百科全書的性質與功能

百科全書一詞源自於希臘文Enkyklios和Paideia，意爲教育和知識範圍，英文的Encyclopedia即有蒐羅人類全部知識以作爲教育或供學習之用的意思。西洋早期學者所編的百科全書，主要就是作爲講學用的教材。而後時代演變，人類知識不斷遞增，新的概念、新的名稱、新的事件不斷出現，今日的百科全書，已非個人所能編成，而百科全書蒐集浩瀚知識，也必須講求組織整理，才能適應不同人的需要，因此歐洲十八世紀以後編印的百科全書，就開始結合各學科專家的智慧，同時也要重視查檢的方便和迅速。所以，今日的百科全書可以說是具有兩項功能：其一是教育的功能，它在內容上要蒐羅各項知識，以深入淺出的方式撰寫，供一般人閱讀，以達到自我教育的目的：其二是參考工具書的功能，由於它內容廣泛龐雜，因此必須應用各種編排技巧，以及各種輔助索引，才能方便讀者查檢，所以它本身即是一種參考工具書。這種參考檢索的功能，在近代尤其超過教育的功能，畢竟大家通常只是需要查檢某一資料時，才會去翻閱百科全書，已經很少有人如王雲五先生有那樣的時間和精力，分年去讀畢全套的大英百科全書來作爲自我教育之用。而現代一部完善的百科全書，也包含有書目、索引、辭典、手冊、傳記性資料、地理性資料以及補充新資料的年鑑等，可說是一部綜合的參考工具書，它在圖書館也是使用頻率最高的參考書。

百科全書雖然號稱蒐集人類全部知識，但在知識不斷推陳出新的現代，我們已不能說任何事項皆可在百科全書查到，因此才有各種「專門百科全書」（Cyclopedia）的出現以作輔助。但綜合性百科全書因爲蒐編大量資料，而加以概要提煉，並加以排列組織，以方便查檢閱讀，因此它還是最適合一般大眾的。

由於百科全書的性質和功用，我們可以知道編製一套百科全書需要網羅各科的專家、學者，更需要耗費長久的時間和經費，有人說它不僅是一國學術文化的象徵，也是國力的象徵，因此歐美先進國家及日本等，幾乎都有一套以上能反映其國家文化特色的百科全書。

百科全書簡史

百科全書起源甚早，西洋由早期到十八世紀初即有不少企圖將一切知識蒐集在一起的書籍，中國古代的類書也常被稱爲中國的百科全書。但一般而言，法國大儒狄特羅從一七五一年到一七八〇年，花了近卅年時間才全部編印完成的《百科全書》（Encyclopédie）才是近代百科全書的奠基之作。狄特羅也因此被稱爲近代百科全書之父，因爲這套書網羅了當時啓蒙時代的百多位學者撰稿，同時，狄特羅首先用Encyclopédie這個字眼來表示這種綜合敘述古今人、事、物的書籍。此部全套三十五巨冊的法文百科全書經典之作，不僅推動了當時的民主思想和科技運動，同時也是著名的《大英百科全書》的藍本，可說是影響深遠。這套書國立中央圖書館參考室藏有五大冊的縮印本，同時日、韓文室亦有一冊日本平凡社出版的《フランス百科全書繪引》，是這部書中所有工藝、科技圖片的解說。

法國狄特羅百科全書出書不久，歐洲各國亦紛紛跟進，著名的大英百科全書即在一七六八年於英國出版，爾後歷經兩百餘年的發展，至今版權已爲美國所有。大英一直是學術氣息最濃厚的一套百科全書，一九七四年開始的第十五版，在編製體例上又創立了獨特的「三合一」系統，將全書分爲「百科類目」（Propaedia）一冊、「百科簡編」（Micropaedia）十冊和「百科詳編」（Macropaedia）十九冊等三大部分，一九八五年再增加索引兩冊，百科簡編調整爲十二冊，詳編爲十七冊，總計卅二冊，另外年鑑中增加統計性的〈世界國家資料〉（World Data）——這是目前大英的新貌。這種編製，也反映大英既要維護傳統的學術氣息，又要兼具迅速查檢的雙重功能——「百科詳編」所列條文仍然供深入研究之用，篇幅繁長，有的幾乎可成專書，而「百科簡編」部分，則只作簡要討論，供讀者迅速獲得概念性資料；「百科類目」一冊則是整個知識的系統綱目，協助讀者對知識得到完整概念，然後再以兩冊索引將三大部分貫通。

丹青和中華書局所翻譯的大英百科，主要是根據「百科簡編」部分而已，故其功能讀者當可明白。

大英之後，較著名的百科全書還有一八〇九年德國布洛克豪斯百科全書、一八二九—一八三三年編成的大美百科全書等，廿世紀後，各國百科全書更是風起雲湧，美國尤為重鎮。

國內常見的百科全書

西文百科全書雖然紛多，但國內圖書館常見者大概有七種，這七種國內也有代理商經銷，不必遠向國外訂購：

1. **大英百科全書**（New Encyclopaedia Britannica）。共卅二冊，最具學術氣息，但對一般讀者卻嫌艱深、累贅，故在美國的調查，使用率遠低於《世界百科全書》和《大美百科全書》，在國內圖書館員的意見裏，也是如此。國內代理商為——「臺灣大英百科股份公司」。

2. **大美百科全書**（Encyclopedia Americana）。全套卅冊，文字風格較清晰易讀，臺灣地區的代理商是「美商葛羅里國際公司」（Grolier International Inc.）

3. **世界圖書百科全書**（World Book）。全套廿二冊，據美國調查，這是最暢銷的一套百科全書，亦是公共圖書館參考館員認為最常、最易使用的。在美國，這是屬於青少年級百科全書，但在國內，適用對象可推展到大專以上。臺灣代理商是臺灣英文雜誌社。

4.**柯里爾百科全書**（Colliers Encyclopedia）。全套廿四冊，編排內容均衡，資料新穎。臺灣代理商是臺灣麥克公司。

5.**葛羅里學術百科全書**（Grolier Academic Encyclopedia）。全套廿一冊。此套書一九八一年才開始問世，是最年輕的一套百科全書，條目精短，平均每條只有三三五字左右，但彩圖很多。這套書並已發行光碟片，將全書濃縮在一片光碟片中，可在電腦上查檢。臺灣代理商亦是葛羅里公司。

6.**新知識百科全書**（The New Book of Knowledge）。全套廿冊，屬青少年百科全書，編排活潑生動，臺灣代理商亦爲葛羅里公司。

7.**康普頓百科全書**（Compton's Encyclopedia）。全套廿六冊，亦屬青少年級百科全書，文字淺顯易讀，彩色插圖最多，臺灣代理商是臺灣大英百科公司。

至若國內出版的百科全書，則集中在七十—七十二年間，如：

1.**中華百科全書**。全套十冊，中國文化大學出版部印行，條目按筆劃順序排列，每條五百字到四千字不等。有黑白圖片、插圖，但很少。

2.**環華百科全書**。全套廿冊，總索引一冊，另曾出版民國七十二年年鑑一本。此書以注音符號順序排列，收錄條目一萬六千條左右，彩圖很多。此書本應是國內近期內自編之體例不錯的成人百科全書（但內容一般認爲有些可在中華兒童百科全書、幼獅少年百科全書查到的，在環華反而查不到），可惜出版社倒閉，有些圖書流入他家出版社，有些淪入當舖，成爲拍賣品，故價格紊亂。

3. **中華兒童百科全書**。全套十四冊，臺灣省教育廳臺灣書店印行，按注音符號順序排列，彩圖亦多，是小學生中高年級適用的百科全書。

4. **幼獅少年百科全書**。全套十冊，索引一冊，幼獅文化公司印行，此套書按筆劃順序排列，是青少年級百科全書。

5. **廿一世紀世界彩色百科全書（國際中文版）**。全套十冊，百科文化公司印行。此套書迻擇自日文版，圖片雖多，卻不能與本文配合，同時中文版沒有索引，是其缺點。這套書出版社亦已雲消霧散，書籍恐難以買到。

這幾套書共同的缺點就是沒有經常修訂，除了環華還出過一次年鑑外，其他皆沒有更新辦法，因此在資料新穎性方面將逐漸落伍。

至於目前的丹青版《大不列顛百科全書》，是將中共一九八五年出版的《簡明不列顛百科全書》轉成繁體字，其編排按中共漢語拼音順序排列，國人使用上恐將不慣；中華書局的《簡明大英百科全書》則直接譯自最新原版大英百科全書，全書依英文字母順序排列，讀者對某個條目若不知其英文，則必須先利用索引查檢，這是較不方便的地方。

如何選購百科全書

百科全書種類繁多，適用對象亦不相同，故如何選擇、評鑑百科全書，倒是在購買前必須考慮的。一般圖書館學者評鑑百科全書皆從百科全書編製的特點來著眼，如⑴是否具有權威性和精確性？（是否由專家撰寫，條文之末是否有執筆者署名等。）⑵是否附有進一步研究需要的參考書目？是否有各種輔助索引和參見款目等？⑶是否有插圖、圖片、地圖等？⑷是否能維持資料的新穎性？會不會經常修訂？有沒有定期出版年鑑補充新資料等？

當然，也可參考專家學者的評論做選購指引，如美國百科全書專家基士特（Kenneth F. Kister）就曾編有《百科全書購買指南》（Encyclopedia Buying Guide, 1981 3rd. ed.）和《優良百科全書指南》（Best Encyclopedia Guide to General and Specialized Encyclopedias, 1986）美國圖書館協會亦出有《購買百科全書十二要領》（Purchasing an Encyclopedia: 12 Points to Consider, 2nd ed., 1987），都可供買外文百科全書的參考。國內的百科全書亦可參閱張錦郎《中文參考用書指引》、鄭恆雄《中文參考資料》等書的「百科全書」部分。

不過，最好的方法還是親自先試看查閱，以自己本行或有興趣的各項名詞、事件（愈多愈好），翻翻看百科全書裏有沒有這些名詞、事件？查獲的比率多不多？如果有的話，撰寫的內容你覺得怎麼樣？如果這一切你都滿意的話，想必這套百科全書也就適合你的需要了。

（原載中國時報77年5月15日開卷版）

體檢美國百科全書

美國的百科全書一向執全球百科全書出版業的牛耳，擁有多種行銷全世界的著名百科全書（即使是大英百科全書也歸化美國多年了），每年總要賣出八十幾萬套，營業額達六億美元。

但這一兩年來，百科全書業除了在銷售上受到經濟不景氣的影響外，在編輯、出版上也有一些困境——那就是受到世局動亂的關係，使得編好的資料動輒失去時效。（這種情況，地圖出版業者亦如此）——這一兩年來，如兩德的統一、東歐的革命浪潮、舊蘇聯的崩潰、獨立國協的成立……等等突發事件，都令百科全書編輯者或許剛排好版就急忙要準備改寫、增訂了。

例如一個東西德合併，《美國學術百科全書》（Academic American Encyclopedia）就要更動有關的九十三幅地圖；《柯里爾百科全書》（Collier's Encyclopedia）也因此要改寫一百五十條以上的相關款目的文字。《世界圖書百科全書》（World Book Encyclopedia）爲了應付瞬息變化的世局，一九九二年版還印了兩個版次，第一版次以九一年十二月爲資料截稿期，第二版次則以九二年四月爲截稿期。

固然，百科全書本來每年就應該有小幅度的資料更新，但對百科全書業者而言，恐怕沒有像這一兩年這麼令他們傷腦筋了。其他像波灣戰爭、葉爾欽、史瓦茲柯夫將軍、綠黨……等等款目，也是一般百科全書要趕緊找人撰寫加入的款目。

不過，在一九九二年版美國各著名百科全書中，以《世界圖書百科全書》—（簡稱 World Book）增補資料最有紀念價值。World Book 創立於一九一七年，到今恰爲七十五週年，它特別製作兩個特欄以茲紀念：第一項就是在第一冊重印它一九一七年版的一些條目，如一九一七年所寫的「飛行器」、一九一七年的「非洲」這些條目，和現在一九九二年所敘述的同樣款目相比，不僅顯示世界事物的變動，也令人沈入歷史的回味。第二項就是在「哥倫布」這條款目下，另特別增加八張摺頁的篇幅（含地圖），以「哥倫布遺產」爲題，敘述哥倫布航行對世界改變的觀點和評論——作爲紀念今年爲哥倫布發現新大陸五百週年。

不管如何，百科全書畢竟是參考工具書之王，它必須經常修訂，才能保持資料的新穎，也才能保住它們的市場。以下是根據美國《書單》（The Booklist）雜誌「參考書學報」專欄所載的一九九二年版各重要百科全書的售價、篇幅，可供購買時參考：

（92’年版　各重要百科全書概覽）

百科全書	條目數	總頁數	插圖數	一般消費者價格	學校或圖書館價格	適用對象
美國學術百科全書（21冊） Academic American Encyclopedia	28,940	9,832	16,930	$775	$599	中學以上，成人讀者
柯里爾百科全書（24冊） Collier's Encyclopedia	25,000	19,786	14,380	$1499.50	$979	高中以上，成人讀者
康普頓百科全書（26冊） Compton's Encyclopedia and Fact Index	33,980	10,591	22,510	$599	$569	兒童、青少年讀者
大美百科全書（30冊） Encyclopedia Americana	52,000	26,740	22,865	$1,400	$919	成人讀者
方克・威格諾百科全書（29冊） Funk & Wagnalls New Encyclopedia	25,000	13,024	9,458	$162.81	分$250及$295兩種	中學以上及一般讀者
新知識百科全書（21冊） The New Book of Knowledge	8,972	10,572	23,600	$750	$559	兒童青少年、父母老師
大英百科全書（32冊） The New Encyclopedia Britannica	65,078	32,030	23,617	$1,599	$1,199	專業人士，成人讀者
新標準百科全書（20冊） New Standard Encyclopedia	17,437	11,304	12,000	依代理商訂	$549.95	中學以上，一般成人
世界圖書百科全書（22冊） The World Book Encyclopedia	17,500	14,060	29,000	$599–899 視裝訂而定	$520	青少年，一般成人

（原載中央日報81年11月25日讀書出版）

百科全書的年鑑

最近某套著名的中文百科全書在報上刊登大幅特價廣告，相當吸引人。的確，這套百科全書在十年前出版時，無論內容、編排、索引、圖片等都相當符合西洋現代的百科全書的編製體例，爲我國百科全書事業開創了先河，也因此出版後即榮獲金鼎獎。問題是這套百科全書後來因出版社停止營業（或倒閉？）並轉手多次，以致十年來未能致力於修訂工作，現在新的接手者拿出來發售的也是舊日的版本而已。而百科全書這種參考工具書，若超過十年未曾修訂，其使用價值即會打了折扣，比如說如查俄羅斯、國民大會、監察院……等這些條目，一定和現狀不符了，而十年來新增的各種知識、款目也一定查不到的。

事實上，外國的百科全書通常有多種方式來維持資料的新穎，例如採用活頁的裝訂，以便隨時增補資料（但這種方法已很少見了）；每年小幅修訂五%—十%啦；或每隔幾年做全盤的改版啦。另外一種也常被採用的則是出版年鑑（Yearbook or Annual）。百科全書的年鑑就是百科全書業者在套書之外另外就上一年度的重大事件或各項新知彙編成冊出版，以補充資料修訂的不足。這種年鑑書名所揭示的年代通常比實際內容快一年，如一九九四年的年鑑實際上是報導一九九三年的資料。百科全書年鑑的目的一方面可以避免購買者經常要添購新的套書，一方面也可使百科全書業者在套書大幅修訂之前，仍能維持事業的運作及書籍的出版。

這種百科全書年鑑的內容，通常包括過去一年的大事紀要、重要人物或死亡人物的傳記資料以及各項主題（如農業、藝術、運動、出版……）的重大發展的敘述或統計等。其編排體例或內容雖然不一定和母體的百科全書有直接的對應關係，但撰寫風格則大都與原來的百科全書相接近。而像大英百科全書的年鑑（Encyclopaedia Britannica Book of the Year）更包含了近半冊篇幅的「大英世界資料」（Britannica World Data）——這是世界一百多個國家的統計資料，更是非常有用，也可配合大英百科全書敘述各國條目時互對照使用。此種百科年鑑也有詳細的索引可查，像大英百科年鑑，其中索引更可查到近十年每年年鑑的條目所在，例如以一九九三年版的大英百科的年鑑後面所附的索引，查「臺灣」這個條目，則不僅顯示九三年版的四〇二頁有「臺灣」這個條目的敘述，也顯示九二年版第四〇〇頁、九一年版第四二八頁……，八十四年版第六四八頁都有報導「臺灣」的資料，讀者如欲參考以往各年的年鑑有關臺灣的敘述，即可迅速查知頁數。

由於科技方面更常須重視新知，許多百科全書除了一般綜合性的年鑑外，也常另外單獨出版有關科學與醫藥的年鑑，如大英百科全書、柯里爾百科全書、世界百科全書等。這些專科的百科全書年鑑都包含上一年度世界科技、醫學的發展新知，條目的撰寫也常自成長篇論述。

百科全書年鑑的功用及概況如上述。而上面提到的那套中文百科全書，於全書出版後也編印過一次年鑑（一九八三年度），因此當初的編輯及經營者的確有這種理念，只是隨著經營者轉手多次，使得這套百科全書未能有計畫地修訂，也未能繼續出版年鑑，這是非常可惜的。如果現在的經營者能夠不只站在出清存貨的立場，而能加以全盤修訂，爾後每年再繼續小幅修訂及出版年鑑的話，則這套百科全書將能眞正的重生，也才是國內讀者之福。

以下是美國最新的幾種百科全書年鑑的名稱、價格、適用對象等資料：

百科全書名稱	年鑑名稱	美金	適用對象	插圖	索引
大英百科全書 Encyclopaedia Britannica	醫學與健康年鑑1994年版 (Medical and Health Annual／1994)	$32.95	成人 一般民衆	彩色與黑白	詳細：3年彙編
	科學與未來年鑑1994年版 (Yearbook of Science and the Future／1994)	$35.95	成人	大部分黑白	詳細：3年彙編
	大英年鑑1993年版 (Britannica Book of the Year ／1993)	$37.95	成人	大部分黑白	詳細：10年彙編
科里爾百科全書 Collier Encyclopedia	健康與醫學年鑑1993年版 (Health and Medical Year Book／1993)	$22.95	高中 成人	大部分黑白	詳細：3年彙編
	國際年鑑1993年版 (International Year Book／1993)	$30.95	高中 成人	大部分黑白	詳細：只限本年
世界百科全書 World Book	健康與醫學年鑑1994年版 (Health and Medical Annual／1994)	$24.90	初中以上 成人	彩色	詳細：3年彙編
	科學年鑑1994年版 (Science Year ／1994)	$24.90	初中以上 成人	彩色	詳細：3年彙編
	世界百科年鑑1993年版 (The World Year Book ／1993)	$24.90	初中 成人	彩色	詳細：3年彙編
方克．威格諾百科全書 Funk & Wagnalls	方克．威格諾百科全書年鑑1993年版 (Funk & Wagnalls New Yearbook／1993)	$14.98	中學 成人	大部分黑白	詳細：只限本年
新標準百科全書 New Standard Encyclopedia	世界進展年鑑1993年版 (World Progress Yearbook ／1993)	$18.95	初中以上 成人	大部分黑白	簡略
康普頓百科全書 Compton Encyclopedia	康普頓年鑑1993年版 (Compton's Yearbook ／1993)	$30.95	中學 成人	彩色	詳細：5年彙編

（原載中央日報83年4月27日讀書出版）

美國百科全書業的變革

百科全書在我國是圖書館或必須經常查檢資料的機構、辦公室比較容易看到，一般人較少購置這種動輒三、四萬元以上的大套參考工具書。而在美國，百科全書則是一般家庭經常會備置的，這與美國百科全書的事業互有因果關係。美國是歐美百科全書的重鎮，擁有多種行銷全世界的著名百科全書（即使是大英百科全書也歸化美國多年了），它每年大約賣出八十萬套百科全書，總營業額達到六億美元左右，雖然與全美出版市場營業額一百五十億而言，比例不算多，但數家以出版百科全書爲主的出版公司在全美前二十大出版社佔有一席之地的卻不少，如大英百科全書公司（Encyclopaedia Britannica, Inc.）排名第七，世界圖書百科全書公司（World Book,Inc）排名第十六，而出版大美百科全書及美國學術百科全書的葛羅里公司（Grolier Inc.）則排名第十三。（依據一九九〇年十二月一日出版家週刊統計）。

美國一般家庭普遍會購置一套百科全書，因此對美國百科全書業者而言，圖書館不是最大市場所在。事實上百科全書是圖書館最主要的參考館藏，圖書館多會主動購置，毋需業者花費許多口舌去推銷，因此百科全書公司多把推銷對象擺在家庭和辦公室。

因爲整套百科全書體積龐大，一般書店通常不陳列，傳統的百科全書業者便是派推銷員沿門挨家挨戶去銷售。百科全書推銷員在美國也是一種行業，就如同我國國內的保險推銷員一樣。世界圖書百科全書公司就擁有三萬五千個推銷員，有許多還是業餘出來兼差的教師哩！

但是最近幾年來，這種傳統的銷售方式逐漸有了變化，第一是夫婦皆去上班，白天無人在家的家庭愈來愈多，使得沿門托缽式的推銷員經常會碰壁而返，因此百科全書業者只好多開闢幾種推銷途徑，如郵購、直購的方式。其次，由於電腦聯線訂購的發展（如我國幾家超商開闢的第五台訂購雜誌的方式），一些百科全書業者也加入這種電訊訂購市場。還有，在經濟低迷下，各種百科全書之間的競爭也愈來愈激烈，原本不在書店、大型商場、零售店出現的百科全書也逐漸在這些地方逐鹿中原了；世界圖書百科全書公司就嘗試用貨車載書到Shopping Mall去推銷，而原本只有開本較小的方克・威格諾百科全書（Funk & Wagnalls Encyclopedia）擺置在超級市場，供家庭主婦分期分冊購買的方式，其他百科全書也似乎虎視眈眈起來了，像葛羅里公司編印的美國學術百科全書甚至另外發行小開本版在超市出售，不過，爲了保護其在圖書館的市場，這種開本沒有彙編的索引。

由於電子出版的發展，百科全書業者另一項變革是出版光碟片的產品。葛羅里公司在一九八六年將美國學術百科全書製成第一張光碟百科全書——Grolier's New Electronic Encyclopedia；接著世界圖書百科全書也推出光碟版，叫Information Finder，這種電子百科全書檢索項目和檢索途徑都比書本多；而大英百科全書公司編印的一套青少年百科——康普頓百科全書現在更推出了集圖表、照片、音樂、影像於一體的多媒體光碟百科全書——Compton's Multimedia Encyclopedia，不僅設計多種新穎的檢索方法，還有視聽的功能，例如查檢關於一篇人體解剖的文章時，也可以利用滑鼠聽到心臟的跳動聲、看到關節彎曲的畫面，可以說是立體的百科全書了。

百科全書最需要保持資料的新穎，以跟上時代腳步；如果無法經常全盤修訂，就以出版年鑑（Yearbook）的方式來彌補。因此，前述的百科全書業者近年來在製作出版和銷售上的變革，顯示他們還是相當掌握得住時代脈動的。

（原載聯合報82年4月1日讀書人版）

歷史與新聞的結合

——從「二十世紀全記錄」中文版談起

編年史是史著的體裁之一，它是以年爲經，以事爲緯，將同年月發生的各種不同性質的事件彙編一處，可以推知相互的影響、古今淵源的流變。

由於以年月繫事，同年月間各國、各地均有不同的事件在發生，因此編年史的記載通常力求簡明、扼要，久之，不免衍生出許多以表格分欄記事的大事年表，或逐日列事的史事日誌等。

在國內，如「近代中國史事日誌」、「中華民國史事記要」、「中國近代大事年表」……等，都是屬於編年記事；在國外，也有類似書籍，如："The People's Chronology"、"Historical Tables"、"Book of the Days"、"The Timetables of History"……等等。

這種編年記事，由於講求按年月順序，敍事嚴謹簡要、編排不免機械化，內容自然較枯燥，因此大都成爲參考工具書的性質，在研究或查檢所需時才會去翻閱，很少人把它拿來當休閒性地閱讀。

德國年鑑出版社，在一九八二年出版的「二十世紀編年」（Chronik des 20 Jahrhunderts），卻結合了歷史和新聞，賦予編年史生動化和活潑化，也就是將編年的史實，融入新聞紀事的趣味，使它不僅是參考工具書，也是一種休閒可讀書。

這本書記載二十世紀（一九〇〇年到一九八〇年）中，所發生的政治、經濟、軍事、社會、文化、宗教、科技等各項大事，其編輯方式是先有編年年表的特徵——按年月順序排列，每個月都有一個「月表」，將每個月的大事依日期先後簡單列出。

至於大事中，若有更值得報導的重要大事，則另撥篇幅以新聞報導寫法加以詳細敍述，再配上圖片、照片和統計，來增加可讀性和讀者對事件的印象。

因此這部分讀來，就猶如在看過去的報紙；二十世紀過去幾十個年代所發生的天災、人禍、戰爭，及人類的科技發明……等，彷彿又栩栩如生的呈現在眼前。

在「月表」部分，爲了彌補編年記事往往事情首尾本末不相銜，不容易找清脈絡系統的缺憾，也在表中設計了追蹤系統符號，使讀者能夠追蹤同事件發展的記載。

二十世紀，如不是我們親身體驗的年代，就是父母親經歷過而時常傳述的，因此我們對二十世紀的事物，比任何世紀來得熟悉和關切。

德國這本打破編年史書籍刻版機械印象的「二十世紀編年」，出版後即造成轟動，發行至今已售出一百萬冊，等於德國每三個家庭就有一本。

此書至一九八九年止，計有十七個國家簽下出版權。其中北美地區的英文版書名爲"Chronicle of the 20th Century"，在一九八七年出版後，被美國書商協會，與加拿大書商協會，選爲一九八七年年度之書。

而在英國，"Chronicle of the 20th Century"由Longman公司出版，在一九八九年的「書商雜誌」暢銷書排行榜上，也高居第二位，僅次於「金氏紀錄」。可見這本圖文並茂，兼具工具和休閒的書籍，已能深入家庭，並躋上暢銷排行榜，這對一般工具書而言，是很難做到的。

但，不管那國的版本，都不是完全依照德文版照本宣科地翻譯過來，因爲德文版是德國人觀點的二十世紀。因此各個版本，都僅擷取其編輯體例，而在內容上另加取檢，依各國觀點，加以調整取材比重和敍事角度。

國內的出版社最近也出版了此書，仿照日文版取名爲「二十世紀全記錄」，全書厚達一千三百餘頁，圖片、照片四千餘幅，當是國內出版界本年度很受人矚目的一部大書。

出版社能投入這種價位較高的書籍，想必對目前的環境作了一番評估，認爲我們已能像歐美日先進國家一樣，家庭中能普遍購置一套百科全書，或「全記錄」這樣的大書了，而不像以往，大部頭的參考工具書僅爲少數學者與圖書館所購買而已。

「全記錄」兼具參考工具和一般閱讀的性質，相信也是出版社對它有信心的原因，我們也希望出版社的這個想法是對的。

中文版的「二十世紀全記錄」，除了承繼了原版編輯體例的方式，也因爲比德文、英文、日文的版本晚出版，在內容上可以從三者之間互相比較，檢取眞正具有世界觀點的國際大事，這倒是後出版的好處。

而與各國版本相同的是中文版以中國人的觀點來編輯，因此據出版社所言，本書增加了五分之一左右的中國大事。

中文版在今年二月出版，所收資料至一九八九年底。因此一九八八年七月李登輝當選國民黨主席，一九八八年十二月IDF戰機出廠，一九八九年底「悲情城市」獲得威尼斯影展金獅獎……等，國人尚印象猶深的報導、圖片，都已躍然於本書。

由於經常翻檢工具書，筆者覺得這幾乎是中文工具書當中，難得這麼快速就出版包含這麼新穎資料的，不禁感到欣慰。

然而時間畢竟會過得很快的，一下子一年就會過去的，要保持這套書的經久合用，就要仿效西洋百科全書維持資料新穎的方法——每年編印年鑑，每隔四、五年再全部新版。中文版全記錄也可以每年出版年度補編，到西元二千年，再全部彙編起來，那時就符合「二十世紀全記錄」的書名了。

中文版的索引，有人名索引和一般名詞索引，按條目首字注音符號順序排列的。當然，現在大部分的國人都認識注音符號，但可能也有一些五、六十歲以上的讀者沒學過，因此，似乎有必要另外編個筆畫順序的索引。

而且，這本書百分之七、八十是世界大事，外國的人名、地名、事物名佔了多數，有些人或許只知道原文，而不知其中文（何況中文譯名也可能不一致），在這種情況下，如果要查檢外國的人名或地名、事件等，就難下手了。

日本平凡社的「大百科事典」，設有「歐文索引」，以便利讀者從西洋名詞查檢。工具書的索引永不嫌多的，不知中文版是否可以考慮一下。

另外，像日文版的「二十世紀全記錄」，在索引前附錄有一個按大事類別排列的編年表，列出「政治經濟社會」、「科學技術產業」、「交通通訊」、「文化藝術教育」、「娛樂運動」、「生活」等大事記，等於多了一個可分類查檢的線索，似乎也可供參考。

改編已有藍本的工具書，再由這個經驗著手，發展出屬於自己國家文化的工具書，或許是這家出版社的理念。因此，出版社決定繼續編印「臺灣全記錄」、「中國全記錄」、「二十世紀中國全記錄」等，這是很值得欽敬的。日本就是這樣，除了一九八六年的「二十世紀全記錄」外，一九八九年每日新聞社也編印了「昭和史全記錄」，講談社也編印了「昭和二萬日の全記錄」等類的書籍。

編印這類書籍，對記錄、彙編一般史書上不易看到的一些生活細事，有很大的幫助，像「昭和史全紀錄」，不僅載有每日的大事，連每天的天氣、當時的物價、流行語彙等都有記載，眞是令人佩服。而爲了增加可讀性，它還記載當日誕生或逝世人物的簡介，及收錄名作家或人物當天日記或書簡等，使內容生活化，能夠打入家庭，而非僅是存在於圖書館或學者書房了，或許這些正是我們編印自己的全記錄時可供借鑑的。

「二十世紀全記錄」是化嚴肅書籍走向通俗化的一個範例，也是出版的一個創意，我們也希望這種書籍走入家庭的風氣，能在國內逐漸普及。

（原載自由青年七三二期79年8月）

新版優良讀書指南（Good Reading）

目前市面上很流行所謂圖書排行榜，許多人買書常以之爲根據。但這種排行榜實在帶有濃厚的商業銷售氣息。暢銷書固然至少是受到一定的認同和肯定，但是否就能蓋棺論定是永垂不朽的優良圖書則難以斷言。況且暢銷書既以銷售量爲評量標準，則其植基在廣大而通俗的讀者群上是可想而知的，因此暢銷書常是感性的文藝作品或是實用的企管、商業、語文圖書等等。

然而，眞正經得起時間考驗的優良讀物或經典之作，實在更値得青年學生作爲課外讀物選讀，因此在國外出版界固然常有暢銷書排行的公布（因爲這畢竟也是鼓舞作者的一種力量），如美國的「出版家週刊」（Publishers Weekly）、日本的「東販週報」等每期後面都有"Best Sellers"的排行；但更重要的，出版界對所謂優良圖書選目的出版也不曾忽視。

尤其是美國兩大參考書及書目出版社鮑克公司（Bowker Company）及威爾森公司（H. W. Wilson Company）所出的幾種好書書目更是在圖書館界及教育界膾炙人口，因爲這些書目不僅有良好的編製體例，而且所選薦的圖書在縱的方面包括古今上下，在橫的方面含蓋各種學科，不僅圖書館可依據它們來選購、建置藏書，而且一般讀者也可作爲讀書或選擇課外讀物的參考。

我國的圖書館一般而言，購書經費不多，在採購昂貴的外文圖書上更覺捉襟見肘，加以選購圖書人員如缺乏通識學養，對如何選擇各科基本好書常不知如何著手，此時，唯有參考、依據此種經各學科專家所編選的優良圖書選目了。

這些好書選目，筆者曾在民國六十九年第八十二期的「書評書目」介紹過。值得我們敬佩的是這些選目經常修訂、再版，以保持資料的新穎，而不是永遠停滯不動；例如上次筆者介紹過的其中一種叫「讀者之顧問」（Reader's Adviser a layman guide to Literature）當時是第十二版，數月前我已在國外新書報導刊物中看到第十三版已出版了，可惜目前在我服務的圖書館尚未看到。倒是另一本叫做「優良讀書指南」（Good Reading: a guide for serious readers）的好書書目，上次介紹時是第二十一版，最近在圖書館已見到第二十二版，內容且由三一三頁增加爲四一九頁了。

此本指南早在一九三三年就以小冊子的形式印成，主要目的是給青年學生提供一些值得閱讀的補充讀物，爾後不斷增訂、擴充，一九四七年以後，它以平裝本出現，十九版後，更發行精裝本，而且也不只作爲學生課外讀物補充的指引，並且也是給流連書店、圖書館而不知如何選讀各學科好書的讀者一份基本的書目，——圖書館自然也可以依此作爲採購典藏的參考。

"Good Reading"的特色就是在正文之前通常會列有一百種讀來有意義的好書，這似乎是全書所薦選的二千六百多種好書的再篩選。這一百種好書每版略有不同，例如第二十一版上著名美國小說家史坦貝克「憤怒的葡萄」及經濟學家威卜蘭的「有閒階級論」兩書，現在已分別被德萊塞有名的小說「美國的悲劇」及亨利詹姆斯的長篇鉅作「奉使記」所取代。這一百種好書的選定固然可能因編者眼光不同而會略有不同，但不同的多屬二十世紀作品，可見十九世紀以前的大都已成經典不朽之作了。

第二十二版所列的百種讀來有意義的書單，這些書大部分已有中譯本，國內讀者其實也可當作閱讀世界名著的參考依據。（附文後）

每版正文章節也略有不同，第二十二版分為六大部分，計三十一章。第一部分是依歷史時代分為希臘、羅馬、中世紀、文藝復興時代、十七世紀、十八世紀等六章，分別介紹各有關時期的優良圖書，包括各時代流傳下來的著作及現代所寫有關各時代的圖書。

第二部分則依地區分，包括「中東」、「東亞及東南亞」、「非洲」、「拉丁美洲」、「美國境內少數民族」（含印第安人、亞裔民族、黑人、西班牙裔、墨西哥裔民族）等五章。

其中「東亞及東南亞」一章即包括中國的著作，有我國古典著作的英文本，如「論語」、「道德經」、「三國演義」、「紅樓夢」、「西遊記」、「水滸傳」、「儒林外史」，也有近代作品及現代的評論、選集之類的中國研究書籍多種。可惜目前我們臺灣作家的作品或有關國內的著作尚未見出現，可能我們在英譯上的宣傳還有待努力。

「美國境內少數民族」這一章是新增加的，華裔女作家湯婷婷描寫華僑奮鬥的「金山勇士」、「女戰士」等書皆選入於此章。曾改編為電影的華克女士的「紫色姊妹花」也在這一章。

第三部分依文學形式分爲「小說」、「短篇故事」、「詩」、「戲劇」、「傳記」、「散文、書信、評論、雜誌」、「語言和傳播」等七章。其中「語言和傳播」原先是放在人文社會科學部份的。值得注意的是本書也介紹雜誌，所推薦的二十五種雜誌事實上很多也爲國人所熟悉，如「科學美國」、「時代」、「新聞周刊」、「紐約客」、「新共和」、「經濟學人」……等。

第四部分則是人文與社會學，包含「藝術」、「哲學」、「宗教」、「歷史」、「政治」、「經濟」、「人類學」、「社會學」、「心理學」、「婦女研究」等各章。其中「婦女研究」是本書第一次有這個項目，足見女權及女性問題的圖書已很受重視。

第五部分則是科學方面，包括「物理學及數學」、「生物科學」等章；和以前一樣，由於本書主要作爲學生閱讀補充讀物之指引，因此沒有選介應用科學方面的圖書，即使是物理、數學、生物等自然科學，也大都是以通俗易讀爲主。

至若治學之門徑——參考工具書則本書非常重視，第六部分即是「參考書」專章。本章的編輯在開頭即引用約翰生一句話——「知識有兩種，一種是我們對某一事項的認知，一種是我們或許不知，但知道如何去查尋」——這知道如何去查尋知識，就是要會利用參考工具書。一項知識隨著你所需要獲得的程度而可查不同的參考書，例如我們要知道米開蘭基羅的生卒年，查「韋氏字典」就會有，如果要一點他生平和成就的簡要介紹，則就要用到「韋氏傳記辭典」，再要多一點詳細資料的話，單冊的「哥倫比亞百科全書」就會有較多的敘述；「大英百科全書」更會有五頁以上有關他的文字介紹；

最詳盡的當然是查專科性的百科全書——「世界藝術百科全書」，米開蘭基羅共有二十六頁之長，還附有許多圖片。如果還要查各種期刊上有關他的介紹、評論等文章，還可利用威爾森公司出版的「藝術索引」（Art Index）查得。因此參考書實是閱讀各種書籍，解決各種疑難及查尋資料所必須用到的。本書因此特闢這一專章來介紹各種基本參考書。

第二十二版的"Good Reading"雖有三位主編，但各章各學科仍有一位教授或專家負責評選好書。每章之前由他撰寫一篇五百到二千字的通論，敍述該學科的綱要、淵源流別或選錄原則等，頗有我國古代目錄學考鏡源流之作用。每章選薦的圖書約在四十至二百種，總計全書選錄約二千六百多種好書，每本書所列出的項目包括作者姓名、書名、簡要註解及介紹、版本等。同一本書如跨越兩種學科或爲不同章之編者同時選錄，則以「參見」方式說明之。

當然，"Good Reading"是以美國讀者爲基本對象，所選錄的圖書固非全切合我國讀者，但當作閱讀世界名著的指針總是一種參考。大學或學術圖書館選購外文基本圖書倒也是非常適合的一本指南。另外，這種優良圖書選目在國內並不多見，（事實上，像這種綜合性而且經常修訂、保持新穎的，可說是沒有），值得我們國內出版界結合學術界，共同編一種類似而適合國內青年學生或一般讀者的書目出來。

附：百種好書書單

古代

①亥斯奇洛Aeschylus（525-456 B.C.，希臘悲劇作家）的悲劇「奧瑞提亞」（The Oresteia）

②伊索Aesop（620-560 B.C.?，希臘寓言作家）的「伊索寓言」（Aesop's Fable）

③亞里斯多芬Aristophanes（445-385 B.C.，希臘喜劇詩人）的喜劇作品（Comedies）

④亞里斯多德Aristotle（384-322 B.C.，希臘哲學家）的「尼可馬契學派的倫理學」（Nicomachean Ethics）

⑤「聖經」（The Bible）

⑥孔子（551-479 B.C.，中國教育家、思想家）的「論語」

⑦幼里披得士Euripides（480-406 B.C.，希臘悲劇家）的戲劇集（Dramas）

⑧荷馬Homer（? B.C.，希臘史詩作家）的「伊里亞德」（Iliad）

⑨荷馬的「奧德賽」（Odyssey）

⑩老子（604?-531 B.C.，中國哲學家）的「道德經」（The Way of Life）

⑪魯克雷提斯Lucretius（96-55 B.C.，羅馬詩人）的「詠萬物的本性」（The Nature of Things）

⑫柏拉圖Plato（427-347 B.C.，希臘哲學家）的「共和國」及「饗宴」（Republic and symposium）

⑬普魯塔克Plutarch（46-120，羅馬歷史家）的「希臘羅馬名人傳」（Lives of the Noble Grecians and Romans）

⑭索福克里斯Sophocles（495-406 B.C.，希臘思想家，悲劇作家）的「底比斯戲劇集」（The Theban Plays）

⑮修奇迪底斯Thucydides（471?-400 B.C.，希臘歷史家、兵法家）的「彼羅保耐斯戰史」（The Peloponnesian Wars）

⑯味吉爾Vergil（70-19 B.C.，羅馬詩人）的「易利尹德」（Aeneid）

中世紀及文藝復興時代

⑰「天方夜譚」（The Arabian Night）

⑱培根Bacon, Francis（1561-1626，英國政治家、哲學家）的「論文集」（Essays）

⑲薄伽邱Boccaccio, Gioranni（1313-1375，義大利作家）的「十日談」（Decameron）

⑳塞萬提斯Cervantes Saavedra, Miguel de,（1547-1616，西班牙小說家）的「唐・吉柯德」（Don Quixote）

㉑喬叟Chaucer, Geoffrey（1340-1410，英國詩歌之父）的「坎特布里的故事」（Conterbury Tales）

㉒但丁Dante, Alighier（1265-1321義大利詩人）的「神曲」（Divine Comedy）

㉓馬基維利Machivaelli, Niccolo（1469-1527，義大利政治家）的「君王論」（The Prince）

㉔馬洛里Malory, Sir Thomas（?-1471，英國文學家）的「亞瑟王之死」（Le Morte Darthur）

㉕「可蘭經」（Koran）

㉖蒙田Montaigne, Michelde（1533-1592，法國文學家、哲學家）的論文集（Essays）

㉗摩爾More, Sir Thomas（1478-1535，英國文學家、法律家）的「烏托邦」（Utopia）

㉘莪默伽耶Omar Khayyam（?-1123，波斯算學家、天文學家、自由思想家）的四行詩集「魯拜集」（The Rubaiyai）

㉙拉培萊（Rabelais, Francois 1490-1553，法國諷刺小說家）的「加敢泰」和「潘泰根魯爾」（Gargantua & Pantagruel）

㉚莎士比亞Shakespeare, William（1564-1616，英國戲曲家和詩人）的喜劇集（Comedies）

㉛莎士比亞的悲劇集（Tragedies）

㉜莎士比亞的歷史劇集（Histories）

十七、十八世紀

㉝包斯威爾Boswell, John（1740-1795，蘇格蘭律師）的「約翰生傳」（Life of Samuel Johnson）

㉞彭揚Bunyan, John（1628-1688，英國宗教小說家）的「天路歷程」（Pilgrim's Progress）

㉟朋斯Burns, Robert（1759-1796，英國抒情詩人）的詩集Poems

㊱狄福Defoe, Daniel（1659-1731，英國小說家）的「魯賓遜飄流記」（Robinson Crusoe）
㊲笛卡爾Descartes（1569-1650，法國哲學家）的「方法論」（Discourse on Method）
㊳約翰・敦Donne, John（1572-1631，英國詩人）的詩集Poems
㊴菲爾丁Fielding, Henry（1707-1754，英國小說家）的「湯姆瓊斯」（Tom Jones）
㊵吉朋Gibbon, Edward（1734-1794，英國史學家）的「羅馬帝國衰亡史」（The Decline and Fall of the Roman）
㊶漢彌爾頓Hamilton Alexander（1747-1804，美國政治家）的「聯邦家言」（Federalist Paper）
㊷康德Kant, Imanuel（1724-1804，德國哲學家）的「純理性批判」（Critique of Pure Reason）
㊸洛克Locke, John（1632-1704，英國哲學家）的「人類悟性論」（Essay Concerning Human Understanding）
㊹馬爾薩斯Malthus（1766-1834，英國經濟學家）的「人口論原理」（Principles of Population）
㊺密爾頓Milton, John（1608-1674，英國大詩人）的「失樂園」（Paradise Lost）
㊻莫里哀Moliere（1622-1673，法國喜劇大作家）的喜劇集Comedies

㊼潘恩Paine, Thomas（1737-1809，英國自由思想家）的「人權論」（The Right of Man）

㊽盧騷Rousseau, Jean-Jacques（1712-1778，法國作家兼思想家）的「民約論」（The Social Contract）

㊾斯密亞當Smith, Adam（1723-1790，英國經濟學家）的「國富論」（The Wealth of Nations）

㊿斯賓諾莎Spinoza（1632-1677，荷蘭哲學家）的「倫理學」（Ethics）

51史托痕Sterne, Laurence（1713-1768，英國小說家）的「特里斯特蘭·桑台」（Tristram Shandy）

52史惠佛特Swift, Jonathan（1667-1745，英國諷刺作家）的「格列佛遊記」（Gulliver's Travels）

53伏爾泰Voltaire（1694-1778，法國文學家）的「康廸特」（Candide）

十九世紀

54奧斯汀Austen, Jane（1775-1817，英國女小說家）的「傲慢與偏見」（Pride and Prejudice）

55巴爾札克Balzac, Honore（1779-1850，法國小說家）的「歐貞尼·葛朗代」（Eugenie Grandet）

56白朗寧Browning, Robert（1812-1889，英國詩人）的詩集Poems

57拜倫Byron, George Gordon-Lord（1788-1824，英國詩人）的詩集Poems

㊳契訶夫Chekhov（1860-1904，俄國小說家、戲劇家）的戲劇集Plays

㊴達爾文Darwin, Charles Robert（1809-1882，英國博物學家）的「物種原始」（The Origin of Species）

㊵迭更斯Dickens, Charles（1812-1870，英國小說家）的「塊肉餘生記」（David Copperfield）

㊶狄更生Dickeinson, Emily（1830-1886，美國詩人）的詩集Poems

㊷杜斯托也夫斯基Dostoevsky, F.M.（1821-1881，舊俄小說家）的「卡拉馬助夫的弟兄」（The Brother Karamazov）

㊸艾略特Eliot, George（1819-1880，英國小說家）的「米德爾馬奇」（Middlemarch）

㊹愛默生Emerson（1803-1882，美國論文家）的論文集Essays

㊺福婁貝爾Flaubert（1821-1880，法國小說家）的「包法利夫人」（Madame Bovary）

㊻歌德Goethe（1749-1832，德國作家）的「浮士德」（Faust）

㊼哈代Hardy, Thomas（1840-1929，英國小說家）的「黛絲姑娘」（Tess of the D′Urbervilles）

㊽霍桑Hawthorne, Nathaniel（1804—1864，美國小說家）的「紅字」（The Scarlet Letter）

㊾雨果Hugo（1802-1885，法國作家）的「孤星淚」（Les Mis′erables）

㊿易卜生Ibsen（1828-1906，挪威劇作家）的劇集Dramas

(71)濟慈Keats（1795-1821，英國詩人）的詩集Poems

⑫馬克斯Marx, Karl（1818-1883，德國政治經濟學家）的「資本論」（Capital）

⑬梅爾維爾Melville, Herman（1819-1891，美國小說家）的「白鯨記」（Mobby Dick）

⑭尼采Nietzsche（1844-1900，德國哲學家）的「札拉圖斯特如是說」（Thus Spake Zarathustra）

⑮愛倫坡Allan Poe, Edgar（1809-1849，美國恐怖小說家）的「短篇故事集」Short Stories

⑯雪萊Shelley（1792-1822，英國詩人）的詩集Poems

⑰斯湯達爾Stendhal（1783-1842，法國小說家）的「紅與黑」（The Red and Black）

⑱薩克萊Thackeray, W. M.（1811-1863，英國小說家）的「虛榮市」（Vanity Fair）

⑲梭羅Thorean, Henery David（1817-1862，美國小說家）的「湖濱散記」（Walden）

⑳托爾斯泰Tolstoi（1828-1910，俄國文學家）的「戰爭與和平」（War and Peace）

㉑馬克吐溫Twain（1835-1910，美國詼諧作家）的「赫克來培利・芬」（Huckleberry Finn）

㉒惠特曼Whitman（1819-1892，美國詩人）的散文詩「草葉集」（Leaves of Grass）

㉓華滋華斯Wordsworth（1770-1850，英國詩人）的詩集Poems

二十世紀

㉔愛因斯坦Einstein, Albert（1879-1955，德國出生的美籍物理學家）的「相對論」（The Meaning of Relativity）

㉟愛略特Eliot, T.S.（1888-1965，美國詩人）的詩集及戲劇集（Poems and Plays）
㊱艾力生Ellison, Ralph（1914-　，美國黑人作家）的「隱匿人」（Invisible Man）
㊲福克納Faulkner, William（1897-1962，美國小說家）的「喧聲與狂怒」（The Sound and Fury）
㊳弗拉齊Frazer, Sir James George（1854-1941，蘇格蘭人類學家）的「金色樹枝」（The Golden Bough）
㊴弗洛伊德Freud, Sigmund（1856-1939，奧國精神分析學家）的「精神分析論」（Introduction to Psychanalysis）
㊵佛斯特Frost（1874-1963，美國詩人）的詩集Poems
㊶海明威Hemingway, Ernest（1898-1961，美國小說家的）「妾似朝陽又照君」（The Sun also Rises）
㊷喬埃斯Joyce, Jones（1882-1941，愛爾蘭小說家）的「尤力西斯」（Ulysses）
㊸勞倫斯Lawrence, D. H.（1885-1930，英國小說家）的「兒子與情人」（Sons and Lovers）
㊹湯瑪斯曼Mann, Thomas（1875-1955，德國小說家）的「魔山」（The Magic Mountain）
㊺歐尼爾O'neill, E. G.（1888-1953，美國劇作家）的戲劇集Plays
㊻普洛斯特Proust, Marcel（1871-1922，法國小說家）的「追憶逝水年華」（Remembrance of

Things Past）

97 蕭伯納Shaw, G. B.（1856-1950，英國戲劇作家）的戲劇集Plays

98 德萊塞Dreiscr, Theodore（1871-1945，美國小說家）的「美國的悲劇」（An American Tragedy）

99 詹姆斯James, Henry（1843-1967，美國小說家）的「奉使記」（The Ambassadors）

100 葉慈Yeats, William Butler（1865-1939，愛爾蘭詩人）的詩集Poems

（原載自由青年七〇三期77年3月）

《國立中央圖書館同人著作目錄》的精神

國立中央圖書館爲慶祝建館六十周年，館方特別編印十種出版品，以爲甲子之慶留下紀念。這些出版品中，除了定期性的館訊、館刊是出版專刊外，另有配合展覽而編印的〈滿目琳瑯〉，以介紹中國珍藏的善本典籍。除此之外，〈國立中央圖書館同人著作目錄〉亦是一本創新且具特色的出版品，值得介紹。

就國內情況而言，除了大學院校比較常編印教職員著作目錄外，一般機關較少爲同人彙集出版著作或論述目錄；以筆者所見，僅知中央研究院曾出版〈中央研究院院士及研究人員著作目錄〉和國際關係研究中心曾編印〈國際關係研究中心同仁論著目錄〉而已。其實，不管學術機構也好，專業行政機構也好，通常同一機關內學同行的職員會比較多，如果彙集職員的著作篇目，即可約略成爲某一項專題的論述目錄，對鼓勵職員創作風氣，甚至對有關學術的研究發展，應該都有提升的作用。例如以衛生署或環保署而言，相信學公共衛生或環境工程的人一定很多，其日常著作目錄的彙編，自然而然就可成一本有關衛生保健或環保的專題論述目錄，可供外界查檢利用。

中央圖書館出版的〈國立中央圖書館同人著作目錄〉，其目的即在一方面可以鼓勵同人創作研究風氣，一方面以館內同人多係圖書館專業人員，於圖書館、資訊科學、目錄學等之學術領域，多有論述登載或出版，對促進國內圖書館之學術研究，提升全國圖書館管理技術與方法有極大貢獻，今彙整其專著或論述篇目，實亦自可成爲一本圖書館學之專題目錄，供國內圖書館界研究之參考。

此本著作目錄，因係中圖首創，故蒐錄範圍包括民國四十三年在臺復館後編製內現職同人及已離職同人共一九七人，使曾經爲中圖效力過的同人，即使離開了中圖，其典章文獻，仍能留存，作爲與現職同人共同爲圖書館事業辛苦耕耘的見證。當然，不管現職或已離職同人，中央圖書館是以學圖書館的居多，但由於中圖因係國家圖書館，任務組織較多，所網羅的人才自然不僅限於研習圖書館者；其他文史、法政學者亦頗爲不少，因此這本著作目錄除圖書館學論述外，亦具有文史、社會科學之多元化性。我們從第一任館長蔣復璁、第六任館長王振鵠和圖書館界大老沈寶環先生及大部分同人之著述篇目等，可見到圖書館、資訊科學論著之豐；我們亦可從已逝世的第二任館長屈萬里的國學著述和現任館長曾濟群的法學及立法研究著作；還有其他如昌彼得先生的版本學；蘇瑩輝先生的敦煌學；文崇一、成露茜的文化、社會學；劉兆祐先生的語文學；喬衍琯先生的目錄學……等等，見出他們以往或現在，結合其所學，共同爲圖書館之發展及學術研究而貢獻的心力。

至於這本著作目錄的特點，首先即是書名採用「同人」一詞，而非一般俗用的「同仁」，此即已離職同人，現任臺北市立師院語文系教授劉兆祐先生查檢考證工具書所得——「同人」一詞，源自《

周易同人卦》、《卦辭》曰：「同人于野，亨，利涉大川，利君子貞。」《象辭曰》：「天與火同人，君子以類族辨物。」後世遂以君子相聚謂之同人。又《辭源》曰：「謂同事者曰同人。」今則俗寫成「同仁」。——此段文字即印於書名頁之前，以作正本清源之用。蓋中圖「千秋事業」回顧展中，有一張民國卅年中圖同人的合影，照片上亦題「全體同人合影」字樣。

這本著作目錄是由中圖期刊股負責編輯，並採用電腦輸入，再由印刷公司製版設計，故編印精美清晰；然而這並非本書編印之精神所在，最重要的是引發大家重視自己著作文獻的紀錄和保存。例如已退休同人，也是作家的唐潤鈿女士就爲文敍述她原先只交了八十幾篇著作篇目而已，而編輯同人竟然翻閱多年的期刊、報紙，爲她補到三百多篇，她感動之餘，只好自己又努力翻箱倒櫃，再找了一百多篇，使這本同人著作目錄，成爲她最完整之著述紀錄了。俗語說：敝帚自珍，自己的文章相信都是自己的心血，如果自己不重視紀錄留存，以後需要的時候，想要查尋就要大費周章了。這本目錄促使大家對自己過去的寫作或從事學術的歷史作一番回顧和整理，也提醒大家以後要重視自己的文獻紀錄。——這種精神的擴大，就又回到本文前面所敍述的，如果每個專業性的機關都能編印同人著作目錄，那麼我們社會上、學術界就會增加不少專題性的目錄了，對學術的整理和研究都是有幫助的。

（原載書評雜誌一六期84年6月）

艾迪絲的鄉村日記和自然筆記

在目前金氏紀錄上，保持暢銷書排行榜最久的紀錄是艾迪絲·霍爾登（Edith Holden）的「一個愛德華時代女士的鄉村日記」（以下簡稱鄉村日記），這本書在一九七七年六月十三日由英國的「麥可約瑟夫」和「韋伯及鮑爾」兩家出版社共同出版後，即在星期日泰晤士報的暢銷書排行榜上連續六十四週高居榜首（是上次紀錄的四倍），並且持續在榜內三年半，到目前爲止，這本書已有十三種語文譯本，銷售近三百萬冊。

「鄉村日記」這本書事實上原是英國女畫家艾迪絲·霍爾登一本描繪大自然的筆記畫冊。

艾迪絲一八七一年生於英格蘭中部的瓦利克郡，家裏開設繪畫原料工廠。她的母親頗具美術和文學才華，艾迪絲和她的幾位姊妹都遺傳到她母親的細胞（一九八五年，美國霍爾公司出版的一本「一九〇〇以前出生的婦女畫家傳記字典」即收有艾迪絲五姊妹的資料），她們都擅長水彩畫、油畫。艾迪絲尤其是喜愛去畫大自然界的植物、花草、動物，她曾爲好幾本書做過插畫，也開過畫展，展覽過五十幾幅油畫，但艾迪絲的聲譽，卻不在於她出過的書和開過畫展的作品，而在於她在世時根本無心要出版的私人筆記。

這故事要從艾迪絲的家鄉說起。她家鄉瓦利克郡，向是英國的風景區，她住的奧頓村（Olton Village）是個小村落，自然充滿鄉村田園風光；艾迪絲在伯明罕藝術學校學完美術課程後回鄉，除了在當地一所學校教女孩子畫畫外，就經常流連徘徊在鄉村田園間，她熱愛大自然的花花草草及奔騰、飛舞其間的各種小動物；她也時常在田園郊外觀察大自然四季的變化，然後用畫筆記錄下來。她畫的一些小動物，因爲生動活潑，經常收在兒童書當插圖。正如現在的環境污染問題，艾迪絲常悲嘆鄉村景觀正逐漸受到工業革命後工廠設立的破壞，一些田野小動物的生態也受到摧殘的危機，爲了拯救動物生存的權利，她常把畫免費提供給國家動物福利委員會的雜誌「動物之友」刊登。

艾迪絲另一方面也以日記方式，畫下她所見到田園景色和周遭的花草、動物，並寫上一小段感時的文字或配上一首她喜愛的詩人——像濟慈、白朗寧、坦尼生、莎氏比亞等等的田園小詩。她的一本筆記，原本自題爲「一九〇六年自然筆記」——就是她自己於一九〇六年間在家鄉及旅行到英格蘭、蘇格蘭各地鄉村所記錄、所畫下的她對四季鄉村景觀，及野生小動物和花草植物的觀察。她的繪畫充分反映了她對大自然的熱愛，幾乎每頁都會有鳥兒、蝴蝶、蜜蜂和各種花卉在自然界的活躍，繪筆亮麗精緻，而她的文字更顯示她對周遭環境觀察之細微，例如，她會記下：「今晚，在走廊發現一隻跳躍的蟾蜍，它一定是從竟日未關的花園的門檻溜進來的……」，而經常引用與搭配的田園詩句，更使這本筆記增色不少。

但這本筆記，艾迪絲在世時並沒有將它出版。她在卅九歲始與一位雕塑家結婚，並遷往倫敦居住，繼續做她插畫的工作。一九二〇年三月十六日，她四十九歲時，不幸墜河溺死在倫敦基尤的泰晤士河裏，據判斷，她顯然是爲了摘取岸邊栗樹枝上剛生長出來的芽苞，而不小心掉落水裏的，眞可說是爲大自然而死了。艾迪絲死後，由於她沒有子女，她的「一九〇六年自然筆記」後來留傳到她的甥女蘿文娜手中。

蘿文娜也是一個學藝術的學生，她小時候就常用艾迪絲這本筆記當作模畫之用，也常愛不釋手地賞讀筆記中的詩文。當她在英格蘭愛塞特市（Exeter）修習美術時，她覺得應該使這本美麗的畫記讓更多人欣賞，一九七六年三月，她就與愛塞特市的「韋伯及鮑爾」出版社接洽是否能將這本筆記出版。出版社負責人立刻被這本筆記迷住了，他們非常喜愛這本書，但要精摹出版這本畫記，需要一大筆資金，他們要尋求一個出版伙伴，於是他們先爲這本筆記重新取個書名叫「一個愛德華時代女士的鄉村日記」（註：愛德華時代指英國愛德華七世一九〇一—一九一〇年在位的時期），然後帶著這本書到倫敦、紐約與各大出版社試探合作出版事宜，出乎意料之外的，大出版社皆看好這本書，最後反而是經過競爭之後，才由倫敦最大出版社之一的「麥可約瑟夫」取得與「韋伯及鮑爾」共同出版這本書的權利。另外，美國的「亨利．霍特」公司及義大利的「蒙達多瑞」公司也分別獲得在他們國內的發行權。

出版前，出版社在倫敦星期日泰晤士報發行的「彩色雜誌」上登了六頁的廣告，「書商雜誌」也報導這將是一九七七年最可愛，最美麗的一本書，因此暢銷是可預期的；但沒想到會暢銷到連續六十四週高居暢銷書排行榜的榜首。讀者反應之熱烈連出版社的宣傳人員也大吃一驚。或許是讀者久未見到這種親切、美麗的詩畫之作，他們看到七十年前的田園風光，看到似熟悉又似久未見到的雀鳥、花草，不禁都勾起了懷思的心緒罷！不久，連國外也傳染到這本書的熱潮，丹麥、芬蘭、法國、德國、荷蘭、義大利、挪威、葡萄牙、瑞典、西班牙及其自治區加泰隆尼亞、日本等都出版了各國的譯本。

而艾迪絲這本書的許多畫，也被許多廠商取得授權用來印在各種家庭用具上，像磁器、花瓶、皮包、枕巾、床單……這些東西就是所謂的「鄉村日記珍品」，也引起大家的喜愛，銷路十分不錯。而出版社也趁勢炒作。艾迪絲筆記中提到的一些庭園、花草……等，竟也被擴編成各種書籍，而且都用「鄉村日記」爲書名之首，形成了所謂「鄉村日記叢書」，像「鄉村日記庭園筆記」就是編者用艾迪絲筆記中提到或畫到的一些雪花、紫羅蘭、長青花……等作主題，記述如何培養、種植這些植物等。此外，還有「鄉村日記食譜筆記」、「鄉村日記編織筆記」……等等；艾迪絲的畫也被用來作插圖，印了一些「鄉村日記通訊簿」、「鄉村日記記事簿」……等，這種「鄉村日記」熱，恐怕艾迪絲都會意想不到的。

據統計，所有的「鄉村日記叢書」和通訊簿、記事簿已賣了四百萬冊，最近出的「鄉村日記編織筆記」在四個月內就賣了六萬六千冊，「鄉村日記珍品」在一九八七年，英國就賣了一千五百萬英鎊，其他國家則賣了三千八百萬英鎊。

艾迪絲的傳記，在一九八〇年由伊娜・泰勒所編撰出版；電視版權也在同年賣出，一九八二年開始拍攝，並在倫敦、英格蘭、瓦立克郡等地攝取實景，一九八四年二月以十二集開始播出，由女星琵琶·卡德飾演艾迪絲。配合電視，出版社另編了一本「鄉村日記手冊」，採用電視畫面作插圖，敍述艾迪絲的一生。

艾迪絲的一九〇六年鄉村筆記，就是這樣在英國風光了十年多。

但事情尚未完了，去年，英國薩里郡的一位叫蘇珊·懷特的女士帶了一本美麗的畫冊給一位古書商觀看；雖然懷特一家一向很珍惜這本書，但他們對這本書的價值卻一無概念。從書商那裏，懷特一家才知道這本畫冊是艾迪絲的，畫冊上題記「一九〇五年自然筆記」——赫然就是「一九〇六年自然筆記」，也就是出版社將其改名爲「一個愛德華時代女士的鄉村日記」的前一本之作。沒有人知道這本筆記爲何會從艾迪絲家失散的，只知道懷特家族的恩尼斯特於一九四〇年代在南海當校長時從當地買的。現在這本書已被蘇士比公司鑑定爲眞品，並且將在出版之日贈送給艾迪絲的甥女蘿文娜。

這本一九〇五年筆記與一九〇六年筆記一樣，有艾迪絲觀察自然的手札，有引用的田園詩，也有優美的鄉村背景水彩畫，而這本筆記出現的野兔、松鼠、狐狸等動物，則是一九〇六年筆記所無的。

這本筆記同樣將由「麥可約瑟夫」和「韋伯及鮑爾」公司共同在一九八九年十月五日出版，書名也改爲「一個愛德華時代女士的自然筆記」，出版社預估這又會引起一陣熱潮，初版即要印行卅五萬冊以上。

艾迪絲的前後兩本筆記，似乎就是英國已消失時代的一種紀錄，它能勾起大家對黃金時代懷鄉的心緒，因此，暢銷應是有其原因的。艾迪絲對大自然關愛的表現方式，或許與阿道·李奧波的「砂地郡曆誌」不同，但兩者應是可相互輝映的。

（原載中央日報副刊78年11月7日）

暢銷書、玩具與性別教育

英國女畫家艾迪絲．霍爾登（Edith Holden）兩本描繪田園景色的筆記畫冊——《一個愛德華時代女士鄉村日記及自然筆記》，在一九七七年及一九八九年分別出版後，創下「保持暢銷排行榜最久」的金氏紀錄。由於書籍的暢銷，連帶地產生許多相關商品，《鄉村日記》及《自然筆記》中的許多圖畫，被廠商取得授權後，用來印在許多家庭用具上，像磁器、花瓶、皮包、床單……等。出版社當然也趁勢炒作，艾迪絲筆記中提到的一些花草，也被編成《鄉村日記庭園筆記》，其他還有《鄉村日記編織筆記》、《鄉村日記食譜筆記》……等等，基於愛屋及烏的心理，這種圖書的附產品，銷售情況也都很好，這是圖書和商品結合的一個例子。

無獨有偶，美國也有一套圖書結合商品，持續出版、製造而暢銷的例子，那就是《美國女孩叢書》（American Girls Collection）。

九年前，一位教育工作者，也是教科書的編撰者洛蘭女士（Pleasant T. Rowland），由於多年來的工作經驗和教育理念，她決定爲美國的小女孩們創造出一套富有教育意義的叢書和玩具、教具；

她先以其名字在威斯康辛州成立一家「快樂公司」（Pleasant Company Publication），一九八六年開始推出《美國女孩叢書》。這套叢書創造出五個可愛、活潑又有勇氣的小女孩，分別代表五個美國不同的重要歷史時期。洛蘭女士希望藉由這五套小說故事的時代背景，讓小朋友及少年讀者了解美國過去的歷史和家庭傳統精神。

洛蘭女士分別請幾位作家撰寫出這五位八、九歲左右的小女孩的故事，包括：

一七七四年的菲莉西蒂（Felicity）——一位住在維吉尼亞州威廉斯堡的殖民地時期女孩，她見證了父親因不滿英王課徵茶稅，而導致了美國以後的獨立運動。

一八五四年的克斯汀（Kirsten）——一位瑞典移民家庭的小孩，由其家族移民紐約到遷居明尼蘇達州的過程，可以顯示美國民族大熔爐的形成和往西開疆闢土的影子。

一八六四年的艾蒂（Addy）——一位生長在南北戰爭時期的黑人小女孩，她的家庭曾經爲爭取自由和全家的團聚而逃亡。

一九〇四年的莎曼珊（Samantha）——一位與富有的祖母居住的孤兒，由其生活和故事可見到美國工業快速發展時期價值觀念的變遷。

一九四四年的莫莉（Molly）——一位經歷二次大戰時，父親出征、母親外出工作，而物質又缺乏的小女孩，可讓小讀者體會戰爭之壞處。

這五套書每套至今都陸續出版了六冊，除了分別套上五位小女孩的名字，書名都採定型化，如《

認識菲莉西蒂》、《學校故事》、《聖誕故事》、《春季故事》、《夏季故事》、《秋季故事》等，其他克斯汀、艾蒂、莎曼珊、莫莉等的書名亦然，不知是否是爲了因應單純的兒童讀者而求取整齊劃一的原因。

不過，這五套書雖然隱含著要使兒童讀者了解美國的歷史意義，但五位小說的主角在書中的角色，都猶如「清秀佳人」安．雪麗般活潑可愛，相當吸引小讀者的喜愛，據說許多小男生也偷偷在看這套叢書！這套書中五位小女孩的彩色插圖隨著一千八百萬冊的銷售量，幾乎爲全美小女孩所熟悉。

五個女孩代表五個不同時代，至於當今的代表人物則尚未塑造出來，洛蘭女士因此另外出刊一本《美國女孩》（American Girl）的雙月刊，裡面包含較現代的故事小說、活動計畫、猜謎遊戲、笑話、紙娃娃剪貼……等等內容，訂戶達四十萬。

在推出這套《美國女孩叢書》之際，「快樂公司」也以這五位女孩的造型生產洋娃娃。洛蘭女士認爲她的洋娃娃與美國最流行的芭比娃娃不同的是，她的娃娃可以教導小孩美國歷史和家庭觀念並建立自我信心。「我們從事的是小女孩的事業，而不僅是洋娃娃的玩具事業，我們希望給孩子正面、積極的影響」——洛蘭這樣表示。的確，洋娃娃推出後，不僅小女孩，連家長、老師也認同這些不同面孔的洋娃娃，因此，即使一個十八吋的娃娃，售價要八十二美元，依然十分暢銷，「快樂公司」一九九三年的業績即達一億美元，比前年成長四十％，尤其聖誕節時，訂單更是如雪花堆積，打破過去芭比娃娃所壟斷的玩具娃娃市場。

「快樂公司」其他的相關產品還包括：以五位女孩爲造型的書籤和海報、介紹菲莉西蒂的故鄉——威廉斯堡的彩色圖書以及介紹菲莉西蒂的那個時代的服裝和遊戲的錄影帶、卡片目錄、閱讀計畫組合（五十本閱讀指引手記、可貼在牆上的閱讀進度表）、學校教育組合（兩張顯示各時代學校建築、桌椅、文具、服裝、午餐盒……等圖片的表、十張歷史地圖、二十張活動卡片、一冊教學指引）。九四年，快樂公司又推出一種「美國女孩消遣組合」，它包括：戲劇扮演腳本組合、紙娃娃、手工藝圖書、烹飪圖書等。

爲了吸引更多讀者，「快樂公司」接受了一位小孩的建議，計畫以後發行類似職棒明星的球員卡，以五個女孩爲主題。不過，洛蘭女士表明她以後不會塑造「美國男孩」的圖書和產品，她認爲歷史上，女孩子在學校或教室一向較受忽視，她似乎有意藉《美國女孩叢書》的系列產品來彌補這個缺憾。而事實上，她的公司也像女書店一樣有專業化的性別認定，從「快樂公司」的標誌來看，兩個黑影、白影疊在一起的小女孩，黑影的伏在地上閱讀圖書，而坐著的白影的女孩，就像一個洋娃娃。

一套教育性的故事，能創造出各種附屬產品，頗值得國內出版界參考或細玩深思。

（原載聯合報83年12月29日讀書人版，北美世界日報84年2月9日轉載）

OCLC書目資料庫中的百位作家

圖書館界及部分電腦資訊界人士對OCLC（Online Computer Library Center——線上電腦圖書館中心）這個名詞都耳熟能詳。OCLC其實原名叫俄亥俄大學圖書館中心（Ohio College Library Center），是一九六七年由美國俄亥俄州大學學會創立，主要目的在聯合俄州五十四個學術圖書館建立一個館際間合作編目的線上書目供用中心。因爲原來一般傳統的圖書館都以人工方式來處理每分資料，這是相當耗費時間和人力的工作。有人估算過圖書館從採購一本書到登錄、分類編目、圖書上架供讀者閱覽，所花的人力、物力的經費，經常是超過書價的兩、三倍了。而這些工作中，以編目作業最爲繁瑣費時，形成圖書流程中的瓶頸。因此，雖然傳統圖書館一般都置重兵於編目部門（亦即把專業人員大部分安排在編目部門），但由於圖書資料的出版泛濫成災，編目單位大部分仍然書堆如山，壓得他們喘不過氣，也造成一本書入圖書館後，常常要好幾個月才能跟讀者見面。

就一方面而言，一本書如果每個圖書館都買的話，那麼每個圖書館都在花費相同的人力、物力去編目，就形成重複的浪費了。因此，俄亥俄州五十幾個圖書館就聯合成立一個區域性的電腦線上資訊網路的書目供用中心，以後每份資料只要有一個圖書館編目即可，然後輸入電腦，其他圖書館如果發現一本書已有他館編目入檔了，即可採用這份資料，而不必再重複編目，因此可降低每份資料的成本，而達到節約人力資源的目的。

經過三年多的規劃，OCLC在一九七一年開始線上作業，資料庫內容初期由美國國會圖書館提供部分書目資料，其餘則由會員圖書館編目鍵檔。由於成效不錯，俄州以外的圖書館陸續加入，乃成為全國性的組織，一九八一年才改名為線上電腦圖書館中心。近來年，它更跨越國際，英國、西德、澳州、加拿大、及亞洲一些國家……等不少圖書館亦紛紛投入這個總部設在俄州首府哥倫布市近郊的組織，使其會員圖書館到今年已超過八千了。（著者按：至一九九五年八月止，會員已達21,011個）

由於OCLC後來陸續吸收美國國會圖書館、國立醫學圖書館、美國聯邦印刷局的館藏資料，加上八千多會員圖書館的編目鍵檔資料，它現在已形成一個含有超過一千八百萬筆的龐大書目資料庫（事實上，如果圖書館在資料庫中如果發現一本書已有他館先編目了，則僅須在這份資料中塡加自己的館藏代號，表示這本書有那幾個圖書館擁有；如果算這種館館藏紀錄的話，它已超過二億九千四百萬筆了）。（著者按：至一九九五年八月，書目資料已有三千三百萬筆了）

資料庫如此龐大，OCLC的會員圖書館所須的編目圖書，幾乎百分之九十都可在終端機查到，換句話說，會員圖書館必須自己編目的不到百分之十，的確省了不少人力。因此，各會員圖書館所買的書，如果不是很新、很快，或者是極爲偏僻冷門的話，還不容易輪到你作編目，在資料庫裏留下你的功績哩（作第一個編目，這份資料OCLC不收費）。但畢竟OCLC用戶已超過八千，新的資料紀錄還是愈鍵愈多、愈快。一九七一年八月廿六日，OCLC開始線上作業後，到一九七四年九月六日才鍵入第一百萬筆資料，其間間隔三年左右；到一九七六年二月十八日鍵入第二百萬筆，則只花了十七個月左右。而第一千七百萬筆資料在一九八七年十一月十八日鍵入，到第一千八百萬筆於今年一九八八年五月廿八日鍵入時，才只有六個月時間而已。以此推算，第一千九百萬筆又即將來臨。

這第幾百萬筆的資料，在OCLC會員之間，似乎是個光榮的紀錄，就好像我們每年十月歸國僑胞的報到，總喜歡搶個第一萬名的紀錄似的；各會員圖書館在紀錄接近百萬筆時，總是緊張萬分，希望能搶個彩頭。OCLC總部也會公布這鍵入第幾百萬筆資料的圖書館和編目員及那本書名。例如五月廿八日那十七年來的第一千八百萬筆資料，就是西雅圖的華盛頓大學圖書館三位編目員共同編入的一本瑞典文書籍。

OCLC的資料庫既已擁有一千八百萬筆以上的資料，這些資料包括圖書、期刊、地圖、檔案、視聽媒體……等，其中自然以書爲多，約佔百分之八十五，因此這裏面的書目資料其實就可視爲歐美出版文獻的縮影了。（OCLC雖然近年來已加入不少東亞語文資料，但畢竟還少）如果對這些書目資料加以分析，當可發現歐美出版概況和歷史，從書目資料的作者分析，也可看出那些作者的著作數量和發行版次的多寡，似乎也可以一窺作者的影響力或作品的永垂不朽性。

OCLC的通訊刊物——"OCLC Newsletter"今年5/6月號，就由系統分析顧問和助理編輯列印出一份OCLC書目資料檔中，一百個著作量和發行版次最多的作者，其中排第一的是莎士比亞，他的作品種類和發行版次（即各種著作、各國譯本、各種版本、不同的版次，都算不同的次數）超過一萬五千種次。其次是英國小說家迭更斯，有八千多種次，排名第二。以下依次是寫「撒克遜刧後英雄傳」而聞名的史谷脫、寫「少年維特的煩惱」的歌德、希臘的亞里斯多德、法國的大仲馬、英國小說家史蒂文生、美國的馬克吐溫、羅馬政治哲學家西塞羅、法國小說家巴爾扎克……等；其著作種次都在一千以上。

這百位作家的出生年代從西元前八世紀到現在，國籍則分別有比利時、丹麥、英國、法國、德國、希臘、印度、愛爾蘭、義大利、挪威、俄國、波蘭、薩摩亞、蘇格蘭、西班牙、美國等。其中，現在還活著的有三位，一位是排名第五十三的西默農（George Simenon），有一、八六一種次，他是生於一九〇三年的比利時法語小說家，大英百科全書記載他所寫的作品數量超過同時代任何小說家，據說他每天上午四—八時可打出八十頁手稿，這樣從一九二二—一九三六年間共寫了一千五百篇短篇小說，到一九八六年時已出版了五百多部長篇小說，所用筆名十七個。另一位則是排名第七十五的美國著名科幻小說和科普讀物作家亞息莫夫（Isaac Asimov），生於一九二〇年。第三位則是排名第九十的英國小說家格林（Graham Greene），生於一九〇四年。

百位作家中，多屬文學作家，可見文學作品畢竟影響深遠，文學家亦頗能流芳萬古。這其中有五位得過諾貝爾文學獎，他們是：一九〇七年獲獎的英國小說家吉卜林（排名第十一）、一九二一年獲獎的法國小說家法朗士（排名第七十九）、一九二五年獲獎的愛爾蘭劇作家蕭伯納（排名第四十五）、一九四九年獲獎的美國小說家福克納（排名第七十）、及一九六二年獲獎的美國作家史坦貝克（排名第八十七）。福克納和史坦貝克也曾得過普立茲獎。

百位作家中，僅有五位是女士，她們是排名第三十三的英國偵探小說家艾嘉莎・克莉絲蒂、排名第四十六的英國維多利亞時代小說家喬治・愛略特、排名第七十四的美國宗教作家懷特女士（Ellen G. White）、排名第七十六的英國作家珍・奧斯汀和排名第八十三的法國浪漫主義小說家喬治・桑。

這份名單大略可顯示歐美作品流傳較廣的作家，圖書館選購外文圖書或讀者選讀國外作家作品，或可參考之。

（原載中國時報78年1月30日開卷版）

在電腦上認識作家

——全國第一套當代文學史料影像全文系統

緣起

十年前，也就是民國七十四年五月，中央圖書館在當時館長王振鵠及閱覽組主任張錦郎先生主持下，與中國文藝協會舉辦過一次「當代文學史料展覽」，以展示政府遷台後國內現代文學之發展成果。當時展出的方式是用資料卷建立作家個人的檔案——包括作家的小傳、生活照、生平、手稿、作品目錄、評論引得、評論文獻等。總計展出了六百餘位作家之資料卷計八百餘冊。

這種建立作家資料卷的方式，後來發揚到各縣市文化中心。各文化中心蒐集縣市作家資料也大都採用這種活頁式卷夾以便隨時可增添資料。而中央圖書館在文藝協會及文訊雜誌「文藝資料研究及服務中心」的協助下，所建立的八百餘冊作家資料卷，也因內容豐富，並具獨特性，而廣為讀者及藝文界、出版界人士所利用，且頗受好評。

但因原資料卷建檔至今已有十年，在使用率很高，且新資料不斷產生之下，爲考慮資料之長久保存，並能擴增其使用彈性起見，中央圖書館現任閱覽組主任宋建成先生在民國八十年起即規劃利用電腦技術，以具有永久保存、儲存量大、並有高速存取能力且能處理圖形、影像等特性之全文影像系統來整理這些資料卷。經館長曾濟群先生的大力支持及幾位同人與工業技術研究院電腦通訊研究所共同研究開發之下，終於在八十三年三月完成系統軟體設計，並開始輸入資料、掃描影像等工作；截至八十四年四月止，已逐漸有三百位作家的資料輸入電腦中，並開始供讀者在中央圖書館使用或透過臺灣學術網路查詢。這套系統無論在軟體設計或查檢方式都非常具有親和性及方便使用，完成後即在八十三年十一月獲得一九九四年十大傑出中文資訊產品獎，對推動文學史料之自動化頗具前瞻性；因之，在此簡介這套系統的內容及查檢方式等，供愛好文學史料及研究作家的讀者參考。

資料內容及系統特色

這套「當代文學史料影像全文系統」的資料，以原先人工建立的六百位作家、八百多冊、五萬餘頁的資料卷爲基礎，並增補一些這幾年來的資料——方式包括翻閱過去這幾年的期刊、報紙，並透過各種書目、電腦查詢，或直接向作家徵索……，然後加以整理，再將資料卷上的作家生平資料、手稿、照片、著作目錄、傳記文獻、評論文獻等輸入電腦，或以全文影像方式掃描入電腦，使這些資料不僅能查詢各種書目、索引篇目，也能顯示全文、影像等。另外，我們又增加了兩項特色項目，那就是「名句」及「文學獎」資料。但建立如此繁複的資料庫，並非只是單純地鍵入資料或掃描圖片、相片即可，我們必須先設計各種輸入表單、欄位、項目等，因此，無論是中央圖書館參考室同人的規劃輸出入格式項目，或是電通所工作人員在開發設計軟體程式，均花費不少時間，不斷討論修改才得以定論。

這套系統收錄的資料共有七種主要查詢項目，電腦螢幕顯示的主要查詢畫面即如下圖：

中文終端視窗

中央圖書館

當代文學史料影像全文查詢系統

1. 作家基本資料查詢	5. 傳記查詢
2. 作品查詢	6. 文學獎查詢
3. 評論查詢	7. 名句查詢
4. 翻譯查詢	ESC 離開

至於收錄的資料共有九種類型：

(1)**基本資料**：這是記錄作家的姓名、性別、生卒年、籍貫、本名、其他名、學經歷、主要寫作風格等。這些資料由中央圖書館利用資料卷原有紀錄及參考各種工具書（如「中華民國作家作品目錄」、「當代臺灣作家編目」、「臺灣文學家辭典」……）等撰寫後塡於輸入表單，再打入電腦的。在這個項目，我們儘量查出作家之出生年月日及作家之筆名及其他名（如李瑞騰有牧子、李庸、吳浩之筆名；林清玄用過的筆名更有林漓、林大悲、林晩啼、俠安、晴軒、遠亭、秦情等，可能大多數讀者也不知道的）。

(2)**照片**：將資料卷上作家提供給本館的照片，掃描入電腦，使讀者在螢幕上即可看到作家眞面目。作家提供彩色的照片，電腦就會出現彩色的；黑白的，就出現黑白的，但顯像都很清晰，像嶺月女士提供的照片，既清楚又很寬大，電腦上就連書房上的時鐘都能看出幾點幾分出來；朱天心提供的照片，更有婚紗禮服似的朦朧美，電腦也照樣顯示出來。

(3)**手稿**：作家提供的手搞，也可掃描入電腦，使讀者可目睹作家的眞蹟，像鍾肇政寫的「阿枝和他的女人」的手稿，我們就可看到鍾肇政先生的字是相當娟秀的。

(4)**作品目錄**：將作家的書目鍵入電腦，以方便讀者用書名任意字查檢到該作品，即所謂的全文檢索。如鍵入作家名，亦可查出其著作目錄，像打入李瑞騰，就可看出李先生有「文學關懷」、「臺灣文學風貌」、「晩清文學思想論」……等著作及其出版年、出版者、頁數……等相關書目資料。

(5)**評論文獻**：將他人評論作家及其作品之文獻篇目輸入電腦，可供讀者查檢，該篇文章之全文並掃描（形成影像）或打入（形成全文）電腦，因此讀者在電腦上即可看到，不需要再去調雜誌或報紙來看原文。例如我們在電腦上查到評論王禎和作品的文章有數十篇，我們選看某篇之篇目時，如電腦上標示這篇文章已有全文或影像，即可按鍵看全文或影像。

(6)**傳記文獻**：將有關作家之生平傳記或生活軼事等之文獻輸入電腦，並全文掃描或鍵入，也是可供讀者去查檢篇目並看到原文的。如有關蘇偉貞的專訪或介紹她的文章，在電腦查得有數十篇，而你需看其中一篇姜捷寫的「蘇偉貞是書癡、字癡、情癡」（發表於婦女雜誌75年5月號）這篇文章時，即可按鍵看到全文。

(7)**翻譯文獻**：將他人翻譯作家之作品的文獻輸入電腦，這些翻譯作品係刊載於期刊、報紙者，也可觀看全文或影像。像我們鍵入「黃春明」，即可發現系統中黃春明共有「溺死一隻老貓」、「魚」、「莎喲娜拉再見」等八篇作品被翻成英、日、韓文等。

(8)**名句**：這是我們蒐集作家作品中有名或有趣、有意味的文句，加以轉錄鍵入電腦，使讀者能快速查檢欣賞。例如我們在作者欄鍵入「隱地」，即可查到隱地所寫的幾句名句，像「晚上洗臉，是一天的結束；早晨洗臉，是一天的開始……洗著，洗著……人就老了」（原載八十二年七月十八日中國時報副刊，「理想繼續燃燒」一文）；假如我們在「名句」欄鍵入「愛情」兩字，則可看到有關愛情的名句共三十餘則，如愛亞所寫的「愛情可以支撐你去走不平坦的人生路，但小心別讓它變成你人生路上的不平坦」（原載爾雅叢書「十句話」完結篇）。「名句」這一項很有意義，但卻是我們比較困擾的，因爲何謂名句比較不客觀，而且幾乎是可遇不可求，沒有固定之資料來源可尋，只能從報章一角所轉錄者予以收集；好在隱地的爾雅出版社出了一系列的「十句話」，就是這種名句性質的書，我們參酌使用了許多，在此向隱地及爾雅出版社道謝！

(9)**文學獎**：轉錄臺灣地區一些重要文學獎的得獎紀錄，包括中山文藝創作獎、中央日報文學獎、中興文藝獎、全國學生文學獎、吳三連文學獎、洪醒夫小說獎、時報文學獎、國軍文藝金像獎、教育部文藝創作獎、梁實秋文學獎、聯合報小說獎……等等，列出獎名、得獎人、得獎作品。這個項目可連結作家「作品查詢」項，因爲在作品目錄中，作家的著作書名右欄，電腦如顯現出「Ψ」符號者，即表示這本書曾得過文學獎；當然，這本書在「文學獎」項目下也查得到了。

綜而言之，這套系統的設計理念，是以作家爲核心，包含其作品、手稿、相片、著作年表、寫作風格等；再延伸到其外圍的相關評論文獻、翻譯文獻、生平傳記及有關名句、得獎作品等，如以圖示，即如下圖：

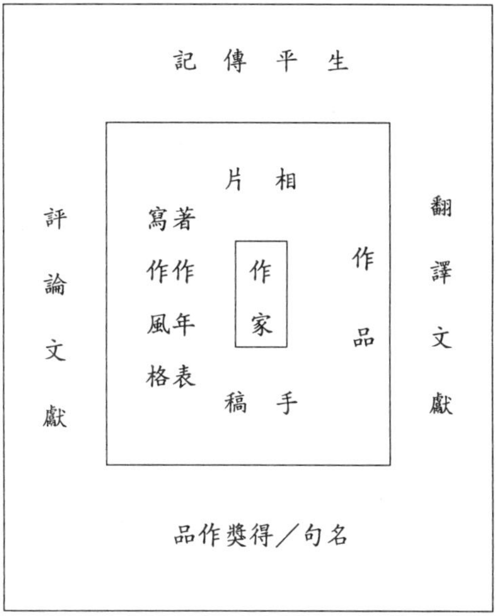

這套系統也採用親和力較高之選項式查詢（不一定要親自輸入文字，可方便不擅中文電腦輸入的人），使其能以最少之操作指令，查獲所需之資料。例如在作家基本資料查詢上，按**F**3鍵即會按筆劃順序列出所有已鍵檔作家之名字，如欲查詢王禎和，即在王禎和名下按鍵即可顯現王禎和之資料。另外，這個系統也提供十九種檢索點，方便使用者從各種角度查詢資料庫；這十九種檢索點分別是「作者」、「評論者」、「翻譯者」、「傳記作者」、「作品」、「評論文獻」、「翻譯作者」、「生平傳記」、「作品類別」（小說、散文、戲劇……等類）、「出版年」、「出版者」、「報刊名」、「名句」、「

語言」、「性別」、「生卒年」、「籍貫」、「文學獎」、「寫作風格」等。這些項目也都可以相互交集查詢，例如我們在作家「基本資料查詢」下，如在「性別」欄打入「女性」，在「籍貫」欄下打入「鹿港」，即可出現李昂、嶺月、丁貞婉、心岱、施叔青等符合條件的作家。

這個系統也提供再次查詢的功能，讓使用者可以任意往來於各檢索點，進行資料檢索，而不必每次都要跳回主畫面，再進入其他查詢畫面。例如在查詢作家基本資料時，即可按「再查詢」鍵，直接查詢有關傳記或評論文獻。同時，這個系統也具備作家權威控制功能，針對擁有許多筆名之作家而設，只要檢索任何一個名字，即可查閱其所有作品，而不必對其所有筆名，逐一進行檢索。

這套系統目前可在中央圖書館供讀者使用，也可透過臺灣學術網路或以電話撥接中央圖書館的資訊網路系統來查檢，唯用電腦網路查，因為著作權的關係，只能查看到基本資料及書目、篇目等，無法看到作家的照片、手稿及全文影像等。而在中央圖書館使用，可查檢到較完整的資料，且能用印表機列印所需資料。

結語和期望

應用電腦科技來處理文史資料，建立便利查檢的資料庫，是近年來文史界努力的方向，像二十五史、十三經、全唐文、全唐詩、臺灣方志等都已完成正在研發電腦查檢的資料庫。而當代文學也是研究一個民族文化的重要史料，為適時保存當代國家文化資產，並為文學研究人士提供一個迅速、便捷

這套系統也採用親和力較高之選項式查詢（不一定要親自輸入文字，可方便不擅中文電腦輸入的人），使其能以最少之操作指令，查獲所需之資料。例如在作家基本資料查詢上，按F3鍵即會按筆劃順序列出所有已鍵檔作家之名字，如欲查詢王禎和，即在王禎和名下按鍵即可顯現王禎和之資料。另外，這個系統也提供十九種檢索點，方便使用者從各種角度查詢資料庫；這十九種檢索點分別是「作者」、「評論者」、「翻譯者」、「傳記作者」、「作品」、「評論文獻」、「翻譯作者」、「生平傳記」、「作品類別」（小說、散文、戲劇……等類）、「出版年」、「出版者」、「報刊名」、「名句」、「

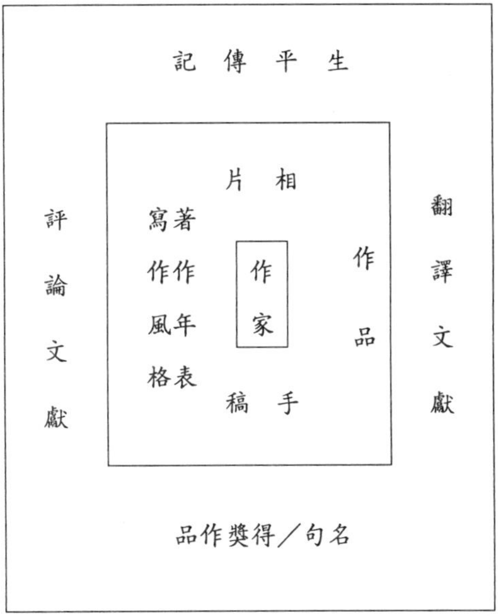

語言」、「性別」、「生卒年」、「籍貫」、「文學獎」、「寫作風格」等。這些項目也都可以相互交集查詢，例如我們在作家「基本資料查詢」下，如在「性別」欄打入「女性」，在「籍貫」欄下打入「鹿港」，即可出現李昂、嶺月、丁貞婉、心岱、施叔青等符合條件的作家。

這個系統也提供再次查詢的功能，讓使用者可以任意往來於各檢索點，進行資料檢索，而不必每次都要跳回主畫面，再進入其他查詢畫面。例如在查詢作家基本資料時，即可按「再查詢」鍵，直接查詢有關傳記或評論文獻。同時，這個系統也具備作家權威控制功能，針對擁有許多筆名之作家而設，只要檢索任何一個名字，即可查閱其所有作品，而不必對其所有筆名，逐一進行檢索。

這套系統目前可在中央圖書館供讀者使用，也可透過臺灣學術網路或以電話撥接中央圖書館的資訊網路系統來查檢，唯用電腦網路查，因爲著作權的關係，只能查看到基本資料及書目、篇目等，無法看到作家的照片、手稿及全文影像等。而在中央圖書館使用，可查檢到較完整的資料，且能用印表機列印所需資料。

結語和期望

應用電腦科技來處理文史資料，建立便利查檢的資料庫，是近年來文史界努力的方向，像二十五史、十三經、全唐文、全唐詩、臺灣方志等都已完成正在研發電腦查檢的資料庫。而當代文學也是研究一個民族文化的重要史料，爲適時保存當代國家文化資產，並爲文學研究人士提供一個迅速、便捷的查詢環境，我們以有限的人力和經費，竭盡棉薄之力，蒐集當代作家相關文獻，發展這套當代文學史料全文影像系統，希望能對研究及喜好文學及文學史料的人士有所幫助。本系統在設計之初，承蒙文訊雜誌社總編輯封德屏小姐及其同人在資料蒐集和提供方面給予極多的指導和協助，非常謝謝她們。又工研院電腦通訊研究所的幾位電腦專家竭心全力爲我們採購電腦硬體設備、設計軟體程式；雖然他們是科技人員，但顯然也相當了解文學史料這種傳承文化任務的重要性，因此經常配合我們不斷修改需求，甚至爲測試各種功能而不眠不休，我們合作愉快而且彼此相互學習很多。

但本系統所收錄之作家，僅以十年前中國文藝協會所提供之六百餘作家爲基礎，唯目前臺灣地區的作家當不止此數，根據作家隱地和張默在八十三年合編的「當代臺灣作家編目」書後之統計，即有一、七八八人。近十年來，各報刊舉辦各種文學獎，在文學界闖出一片天地的新銳作家亦不少。故我們中央圖書館這套系統目前收錄的六百餘位作家實在不足顯現國內當代文壇的全貌。我們謹向尚未收錄於這套系統的作家致歉，因爲我們的人力有限，初期作業又花費極多時間於電腦程式設計和六百餘位現有基本作家資料的蒐集、整理和建檔。今後如能順利爭取到經費與人力，將賡續收集、登錄和建立其他作家資料。但希望作家們屆時惠予提供相片、手稿及其他相關資料。由於本計畫屬於我們兼辦業務而已，人力短缺更在所難免，因此對已建檔之作家，資料疏漏也是必然的，希望作家們也能隨時提供資料給我們，以確保本資料庫之新穎性，並不斷給予我們指正。

（原載文訊一一六期84年6月）